2020

全国
经管专业
“三校生”考试辅导教材

经济法强化训练题库

全国“三校生”考试辅导教材编写组　编

通关宝典

中国财经出版传媒集团
中国财政经济出版社

图书在版编目（CIP）数据

经济法强化训练题库 / 全国“三校生”考试辅导教材编写组编. --北京：中国财政经济出版社，2020.4

全国经管专业“三校生”考试辅导教材

ISBN 978-7-5095-9651-7

Ⅰ.①经… Ⅱ.①全… Ⅲ.①经济法-中国-高等职业教育-入学考试-习题集 Ⅳ.①D922.29-44

中国版本图书馆 CIP 数据核字（2020）第 031559 号

责任编辑：叶 彤 封面设计：北京兰卡绘世

中国财政经济出版社出版

URL：http：//www.cfeph.cn

E-mail：cfeph @ cfeph.cn

社址：北京市海淀区阜成路甲 28 号 邮政编码：100142

营销中心电话：010-88191537

北京富生印刷厂印刷 各地新华书店经销

787×1092 毫米 16 开 8.25 印张 197 000 字

2020 年 4 月第 1 版 2020 年 12 月北京第 3 次印刷

定价：36.00 元

ISBN 978-7-5095-9651-7

（图书出现印装问题，本社负责调换）

本社质量投诉电话：010-88190744

打击盗版举报热线：010-88191661 QQ：2242791300

编写说明

为了配合最新《高等职业学校专业教学标准（试行)》的实施，更好地体现高职高专统一招生考试（又称“三校生”考试，各地一般在春季举行）的考试精神，帮助中等专业学校、职业高中、技工学校的师生了解考核要求、做好备考工作，中国财经出版传媒集团特组织中高职财经商贸的业内专家编写了本套全国经管专业“三校生”考试辅导教材。

本书严格按照经济法科目的课程标准和教育部全国考试委员会指定的相关考试大纲编写。参编老师结合多年的教学经验和考生的学习特点，精心设计了各种类型的习题，对各地的“三校生”相关科目考试的考点和题型做了总结。本强化训练题库基本涵盖本课程的全部基础知识点，并包含单选、多选、判断、不定项选择四大类题型。在覆盖全面的基础上，本书突出了重点、难点，力求各类练习题具有典型性、科学性、系统性和实用性。

本书旨在帮助学生更好地理解和掌握相关科目的基础知识，既可作为中职学生专业知识与技能的拓展，也可帮助高职学生巩固专业基础。

由于编者水平有限，再加时间仓促，书中难免存在错漏之处，恳请读者批评指正，以便今后修订时进一步完善。

本书编写组

2020 年 1 月

目　　录

第一章

经济法基础概述

一、单项选择题

1. 下列关于法的本质与特征的表述中，不正确的是（　　）。
   A. 法是由国家制定或认可的规范
   B. 法是全社会成员共同意志的体现
   C. 法由统治阶级的物质生活条件所决定
   D. 法凭借国家强制力的保证获得普遍遵行的效力
2. 下列属于市场管理与协调方面的法律、法规的是（　　）。
   A.《中华人民共和国公司法》
   B.《中华人民共和国合伙企业法》
   C.《中华人民共和国反不正当竞争法》
   D.《中华人民共和国票据法》
3. 我国经济法的调整对象是（　　）。
   A. 各种经济关系　　B. 一定范围的经济关系
   C. 行政关系　　D. 民事关系
4.《十二铜表法》颁布的国家是（　　）。
   A. 巴比伦　　B. 希腊
   C. 地中海沿岸国家　　D. 古罗马
5. 各个法律部门都有自己的主旨思想，经济法的主旨思想是（　　）。
   A. 行政权力本位　　B. 社会责任本位
   C. 个体权力本位　　D. 企业利益本位
6. 下列规范性文件中（　　）不是我国法律的表现形式。
   A. 宪法　　B. 地方性法规
   C. 法律　　D. 党章
7. 下列法律关系中不属于经济法调整对象的是（　　）。

A. 经济管理关系　　B. 经济竞争关系

C. 企业组织关系　　D. 财产继承关系

8. 社会主义法制的内容不包括（　　）。

A. 立法　　B. 守法

C. 执法　　D. 约法

9. 下列规范性文件中，属于经济法渊源中的行政法规的是（　　）。

A. 全国人民代表大会常务委员会制定的《中华人民共和国合同法》

B. 国务院制定的《中华人民共和国公司登记管理条例》

C. 财政部制定的《会计基础工作规范》

D. 中国人民银行制定的《人民币银行结算账户管理办法》

10. 最早提出“经济法”这一概念的国家是（　　）。

A. 日本　　B. 德国

C. 法国　　D. 美国

二、多项选择题

1. 关于法的本质与特征的下列表述中，正确的有（　　）。

A. 法由国家强制力保障其实施

B. 法由统治阶级的物质生活条件所决定

C. 法体现的是统治阶级的整体意志和根本利益

D. 法是由国家制定或认可的行为规范

2. 社会主义法治在立法上的指导作用主要表现在（　　）。

A. 立法主体必须合法

B. 立法内容不得与宪法相抵触

C. 立法程序必须合法

D. 立法过程必须接受监督

3. 下列对于法的基本特征的描述正确的有（　　）。

A. 法是代表多数人利益的行为规范

B. 法是以权利和义务为内容的行为规范

C. 法是由国家制定或认可的行为规范

D. 法是由国家强制力保障实施的行为规范

4. 在我国法的适用范围主要是指（　　）。

A. 法律规范的时间效力

B. 法律规范的空间效力

C. 法律规范对人的效力

D. 法律规范有无限的效力

5. 下列关于规范性法律文件适用原则的表述中，正确的有（　　）。

A. 行政法规之间对同一事项的新的一般规定与旧的特别规定不一致，不能确定如何适用时，由国务院裁决

B. 根据授权制定的法规与法律不一致，不能确定如何适用时，由全国人民代表大会常务委员会裁决

C. 部门规章与地方政府规章之间对同一事项的规定不一致时，由国务院裁决

D. 法律之间对同一事项的新的一般规定与旧的特别规定不一致，不能确定如何适用时，由全国人民代表大会常务委员会裁决

6. 法与人类社会形态相对应的历史类型包括（　　）。

A. 奴隶制的法律　　B. 封建制的法律

C. 资本主义的法律　　D. 社会主义的法律

7. 我国法律规范的适用涉及人的时候，通常有以下几种处理方法（　　）。

A. 属地原则　　B. 属人原则

C. 属地与属人相结合原则　　D. 属人与保护主义相结合原则

8. 下列选项中属于承担刑事责任的有（　　）。

A. 管制　　B. 拘留

C. 罚款　　D. 罚金

三、判断题

1. 我国法律一般没有追溯力，有特殊规定的除外。（　　）

2. 法是要求人们普遍遵守的社会行为规则，因而，它必须代表全社会绝大多数人的意志和利益。（　　）

3. 法的效力主要是指法律对哪些人具有约束力，它的效力最主要表现在制约对社会具有危害力的犯罪分子。（　　）

4. 法不是从来就有的，也不是永恒存在的。（　　）

5. 法律的效力仅次于宪法。（　　）

6. 法的发展经历了奴隶制法、封建制法、资产主义法和社会主义法四种类型。（　　）

7. 经济法的调整对象是经济关系，因而经济法是调整所有经济关系的法律规范的总称。（　　）

8. 宏观的经济管理关系即国民经济管理关系是经济法的调整对象，而微观的经济管理关系不属于经济法的调整对象。（　　）

9. 经济法既调整经济关系，又调整思想关系。（　　）

10. 1978 年党的十一届三中全会以来，确立了以经济建设为重点的战略决策，把经济法作为一个独立的法律部门正式提出。（　　）

11. 经济法是人类社会发展到一定历史阶段的产物，是一个历史范畴。（　　）

12. 经济法是调整各种经济关系的法律规范的总称。 ( )

13. 经济法是一个独立的法律部门。 ( )

14. 法是反映统治阶级意志和利益的，由国家制定和认可的，以国家强制力保证其实施的社会行为规范的总和。 ( )

15. 行政法规是国务院根据国家宪法和法律制定的规范性文件，因而它必须经过全国人大常委会批准。 ( )

第二章

经济法律关系

一、单项选择题

1. 经济法律关系主体权利和义务所指向的对象是（　　）。

A. 客体　　B. 内容

C. 行为　　D. 事件

2. 公民作为经济法律关系主体时，其行为能力受到限制的情况是（　　）。

A. 职业　　B. 性别

C. 种族　　D. 年龄和思维是否正常

3. 下列单位中不具法人资格的是（　　）。

A. 事业单位　　B. 依照法律成立的国家机关

C. 合伙企业　　D. 社会团体

4. 某个体商户承揽某地地毯半成品加工业务，其经济法律关系客体是（　　）。

A. 地毯半成品　　B. 地毯加工设备

C. 地毯加工行为　　D. 地毯原料

5. 下列行为属于代理行为的是（　　）。

A. 代为清理账目　　B. 居间人传话

C. 代定合同　　D. 行记活动

6. 父母为未成年的儿子代理参加损害赔偿诉讼属于（　　）。

A. 委托代理　　B. 法定代理

C. 指定代理　　D. 委托代理和法定代理

7. 企业法人对它的法定代表人和有关工作人员的经营活动（　　）。

A. 承担民事责任　　B. 不承担民事责任

C. 承担部分民事责任　　D. 经上级同意不承担民事责任

8. 享有经济职权的经济法主体是（　　）。

A. 公司股东会　　B. 企业组织

C. 事业单位　　D. 国家机关

9. 经济权利是由经济法律、法规所确认的一种（　　）。

A. 资格　　B. 责任

C. 行为　　D. 利益

10. 能够引起经济法律关系发生、变更和消灭的客观情况是（　　）。

A. 经济法律关系主体　　B. 经济法律关系客体

C. 经济法律关系内容　　D. 经济法律事实

11. 下列各项中，属于经济法律事实中的事件的是（　　）。

A. 设立公司　　B. 洪灾

C. 日出　　D. 订立合同

12. 下列各项中，属于法律事实中法律事件范围的有（　　）。

A. 设立公司　　B. 签订合同

C. 地震　　D. 逃税

13. 经济法律关系的主体是指参与经济法律关系，享受权利和承担义务的（　　）。

A. 企业　　B. 当事人

C. 经济组织　　D. 公司

14. 下列法律事实中，属于法律事件的是（　　）。

A. 设立公司　　B. 偷税

C. 干旱　　D. 订立合同

15. 甲委托丙购买一辆汽车，乙委托丙出售一辆汽车，于是丙同时代理甲、乙签订了一份汽车买卖合同。该汽车买卖合同的效力为（　　）。

A. 有效　　B. 无效

C. 效力待定　　D. 可撤销

16. 下列行为中，不适用代理的是（　　）。

A. 申请发明专利　　B. 签订房屋租赁合同

C. 提起民事诉讼　　D. 演出

17. 超越代理权仍进行代理，并为被代理人所追认的，承担法律责任的应当是（　　）。

A. 代理人　　B. 被代理人

C. 代理人和被代理人　　D. 第三人

18. 下列各项中，属于经济法律关系客体的是（　　）。

A. 月亮　　B. 冰毒

C. 战争　　D. 经济管理行为

二、多项选择题

1. 经济法律关系的三要素是（　　）。

A. 主体　　B. 客体

C. 内容　　D. 对象

2. 下列选项中可以成为法律关系主体的有（　　）。

A. 公民　　B. 企业

C. 土地　　D. 国家

3. 根据我国法律制度的规定，下列各项中，能够成为法律关系主体的有（　　）。

A. 自然人　　B. 商品

C. 法人　　D. 行为

4. 下列选项中能成为经济法律关系客体的是（　　）。

A. 股票　　B. 鞋子

C. 运输行为　　D. 人体器官

5. 下列各项中，可以成为我国经济法律关系客体的有（　　）。

A. 自然人　　B. 发明专利

C. 劳务　　D. 物质资料

6. 下列各项中，可以成为我国经济法律关系客体的有（　　）。

A. 阳光　　B. 房屋

C. 经济决策行为　　D. 自然人

7. 下列各项权利义务中，属于法律关系内容的有（　　）。

A. 所有权　　B. 经营管理权

C. 纳税义务　　D. 服兵役义务

8. 滥用代理权的具体表现形式有（　　）。

A. 代理人以被代理人的名义同自己进行法律行为

B. 代理人以被代理人的名义同自己代理的其他人进行法律行为

C. 代理人与被代理人恶意串通进行损害被代理人利益的法律行为

D. 无权代理人以被代理人的名义从事法律行为

9. 代理权产生的情况有（　　）。

A. 约定代理　　B. 委托代理

C. 法定代理　　D. 指定代理

10. 经济法律事实的种类包括（　　）。

A. 法律行为　　B. 法律事件

C. 法律准则　　D. 法律规范

11. 下列各项中，能够引起法律关系发生、变更和消灭的事实有（　　）。

A. 地震　　B. 爆发战争

C. 签订合同　　D. 提起诉讼

12. 经济权利主要有（　　）。

A. 财产所有权　　B. 商标权
C. 经济职权　　D. 专利权

三、判断题

1. 经济法律关系就是经济关系。（　）
2. 企业经上级主管机关核准，即可取得法人资格。（　）
3. 某公司的人力资源部具有法人资格。（　）
4. 法人的民事权利能力和民事行为能力依法同时产生同时消灭。（　）
5. 被撤销的经济行为从开始起无效。（　）
6. 任何事件或行为都是经济法律事实。（　）
7. 对于可撤销的民事行为，如果享有撤销权的当事人未在法定的期间内行使撤销权，则可撤销民事行为视同有效的法律行为，对当事人具有约束力。（　）
8. 代理人和第三人恶意串通，损害被代理人的利益，由代理人和第三人负连带责任。（　）
9. 经济代理行为，是指代理人在授权范围内，以被代理人的名义与第三人进行的经济法律行为，其法律行为后果归代理人承担和享有。（　）
10. 要式法律行为是指法律法规明确必须经一定程序或一定格式才能宣告行为成立的法律行为。（　）
11. 行政责任，是指由于当事人违反经济行政法规而应当承担的法律后果，即由人民法院依照《刑法》对当事人的经济行政违法行为给予行政制裁。（　）
12. 行为，是指不以当事人的主观意志为转移，并能引起经济法律关系产生、变更和消灭的客观事实。（　）
13. 经济法律关系是一种物质利益关系，即经济关系。（　）
14. 代理人的代理活动所产生的权利和义务由代理人自己承担。（　）
15. 不同的经济法主体所享有的经济权利是相同的。（　）
16. 代理人与第三人恶意串通损害被代理人利益，被代理人不作反对的，该行为合法。（　）
17. 经济法律行为与人的意志无关。（　）
18. 经济法主体必须具有法人资格。（　）
19. 提供劳务行为和完成一定工作行为，都可以成为经济法律关系的客体。（　）
20. 只有合法行为才能引起相应的经济法律关系产生、变更和终止。（　）
21. 违反国家利益或社会公共利益的经济行为是无效经济行为。（　）

四、不定项选择题

1. 深圳某科技有限公司员工王小平，受公司委派常驻上海。王小平持有公司的业务介绍信和盖有合同专用章的空白合同书。2015 年 6 月，王小平在上海通过电话向公司辞职，公司要求王小平立即停止一切以公司名义进行的活动，回深圳办理辞职手续并交回公司的业务介绍信和空白合同书。王小平对此置之不理，公司也未采取法律所允许的形式进行公告（即公告：王小平已无权代理本公司，其持有的业务介绍信和盖有合同专用章的合同书作废）。2015 年 9 月，王小平以其持有的公司业务介绍信和盖有合同专用章的合同书与杭州某工厂进行接洽，最终以科技公司的名义与工厂订立了买卖合同。王小平拿到货款后消失不见，工厂找到该公司要求交付货物，公司以王小平已经辞职为由拒绝追认该合同并拒绝交付货物。

请回答以下问题：

（1）辞职后，王小平以公司名义与工厂订立买卖合同的行为构成（ ）。

A. 有权代理　　B. 无权代理

C. 表见代理　　D. 表见代表

（2）王小平以公司名义与工厂订立的买卖合同的效力是（ ）。

A. 无效　　B. 有效

C. 可撤销　　D. 效力待定

（3）下列关于深圳某科技有限公司的责任说法错误的是（ ）。

A. 无论公司是否对该买卖合同进行追认，都不需承担法律责任

B. 无论公司是否对该买卖合同进行追认，都要承担法律责任

C. 因为王小平的行为构成了表见代理，所以公司要承担法律责任

D. 因为王小平的行为构成了无权代理，所以公司无需承担法律责任

（4）辞职前，王小平以公司名义与他人签订合同的行为构成（ ）。

A. 无权代理　　B. 有权代理

C. 表见代表　　D. 表见代理

（5）关于本案中所涉及公告的说法错误的是（ ）。

A. 如果该公司进行了公告，则可以减轻公司的法律责任

B. 如果该公司进行了公告，则可以免除公司的全部法律责任

C. 即使该公司进行了公告，也不可以减轻公司的法律责任

D. 即使该公司进行了公告，也不可以免除公司的全部法律责任

2. 天津大华超市的总经理张某和云南西双版纳兴鑫农场的负责人刘某签订了一份买卖菠萝和香蕉的买卖合同，履行地点在昆明，履行方式为农场送货。农场按期履行了合同义务，将菠萝和香蕉运至昆明。为将该批水果运至天津，大华超市的总经理张某又和昆明某货运公司的总经理王某签订了一份货物运输合同。

请回答以下问题：

（1）水果买卖合同法律关系中的主体是（ ）。

A. 天津大华超市的总经理张某

B. 云南西双版纳兴鑫农场的总经理刘某

C. 天津大华超市

D. 云南西双版纳兴鑫农场

（2）水果买卖合同法律关系中的内容是（　　）。

A. 天津大华超市在该买卖合同中的权利和义务

B. 云南西双版纳兴鑫农场在该买卖合同中的权利和义务

C. 买卖合同

D. 菠萝和香蕉

（3）货物运输合同法律关系中的客体是（　　）。

A. 货物运输合同的运费

B. 运输菠萝和香蕉的行为

C. 菠萝和香蕉

D. 购买菠萝和香蕉的货款

（4）法律关系的构成要素包括（　　）。

A. 法律关系的主体

B. 法律关系的客体

C. 法律关系的内容

D. 法律关系的对象

（5）下列说法错误的是（　　）。

A. 客体是法律关系中双方当事人权利和义务共同指向的对象

B. 客体只是法律关系中一方当事人权利指向的对象

C. 客体只是法律关系中一方当事人义务指向的对象

D. 客体一般包括物、货币、行为、智力成果

第三章

财产所有权概述

一、单项选择题

1. 下列选项中，财产所有权的核心权能是（ ）。
   A. 占有　　B. 使用
   C. 收益　　D. 处分
2. 财产所有权的主体包括（ ）。
   A. 人和物　　B. 所有权人
   C. 非所有人　　D. 权利主体和义务主体
3. 不同社会所有权的性质取决于不同社会的（ ）。
   A. 生产力水平　　B. 占统治地位的所有制性质
   C. 法律制度　　D. 领导者的意志
4. 所有人不明的埋藏物、隐藏物视为无主财产，其所有权属于（ ）。
   A. 发现人　　B. 原所有人
   C. 土地所有者　　D. 国家
5. 所有制在法律上表现为（ ）。
   A. 工业产权　　B. 所有权
   C. 知识产权　　D. 债权
6. 通过以下（ ）方式合法取得财产所有权的属于继受取得。
   A. 生产　　B. 买卖
   C. 收益　　D. 添附
7. 企业通过生产而取得财产所有权的这种方式属于（ ）。
   A. 继受取得　　B. 原始所得
   C. 所有人取得　　D. 非所有人取得
8. 非所有人有合法的原因占有所有人的财产基础上的使用（ ）。
   A. 一定合法

B. 属于非法

C. 在法律或合同规定的范围内为合法使用

D. 只有所有人的特别授权的使用才是合法使用

9. 财产所有权的权利主体是（　　）。

A. 所有的人　　B. 特定的所有人

C. 权利和义务　　D. 物质

10. 遗失物应归所有人所有，无人认领时，所有权属于（　　）。

A. 拾得人　　B. 国家

C. 拾得人所在单位　　D. 拾得人送交的单位

11. 共同共有人对共有财产的收益（　　）。

A. 按照比例分配　　B. 共同享有

C. 平均分配　　D. 不得分配

二、多项选择题

1. 物权是对物的归属和利用的民事权利，物权包括（　　）。

A. 所有权　　B. 用益物权

C. 担保物权　　D. 质押物权

2. 作为民事权利的财产所有权具有以下特征（　　）。

A. 财产所有权的权利主体是所有人

B. 财产所有权具体包括占有权、使用权、收益权和处分权

C. 财产所有权表现为对有形的“物”的权利

D. 财产所有权具有独占性

3. 下列有关财产所有权中占有权的说法，正确的是（　　）。

A. 占有权是指所有人依法对其财产的控制权

B. 占有权包括实际控制和法律控制

C. 占有权是取得财产所有权的第一步

D. 占有可分为所有人占有和非所有人占有

4. 继受取得的方式包括（　　）。

A. 转让财产　　B. 继承

C. 接受遗赠　　D. 没收

5. 财产所有权受到侵害时，可以采取的民事保护手段有（　　）。

A. 恢复原状　　B. 停止侵害

C. 赔偿损失　　D. 消除危险

6. 物权的效力包括（　　）。

A. 物权优先权　　B. 物权请求权

C. 物权追及权　　D. 溯及权

7. 下列财产所有权的取得方式中属于继受取得的有（　　）。

A. 买卖　　B. 赠与

C. 生产　　D. 继承

8. 财产所有权的权能可以表现为（　　）。

A. 占有　　B. 使用

C. 收益　　D. 处分

9. 下列财产所有权的取得方式中属于原始取得的有（　　）。

A. 生产　　B. 孳息

C. 添附　　D. 继承

10. 下列行为中会导致财产所有权消灭的有（　　）。

A. 抛弃财产　　B. 出售房屋

C. 房屋拆迁　　D. 财产灭失

三、判断题

1. 物权是权利人直接支配其标的物的排他性权利。（　　）
2. 非所有权人的占有一定是非法占有。（　　）
3. 所有权是不同所有制在法律上的不同表现形式。（　　）
4. 当财产与所有人分离时，所有人的使用权也与所有权发生分离。（　　）
5. 利用原来的财产进行生产经营活动所产生的利润，称为天然孳息。（　　）
6. 处分权决定着财产的归属，是财产所有权的核心。（　　）
7. 如果第三人是善意占有，即善意取得，所有人不得要求善意的第三人返还原物，只能请求转让人赔偿损失。（　　）
8. 共同共有财产不分份额，各共有人平等地享有权利和承担义务。（　　）
9. 共有和公有的内在含义是一致的，都是指两个或者两个以上的公民或法人对同一财产共同享有所有权。（　　）
10. 作为一种法律制度，不同社会的所有权的性质是相同的。（　　）
11. 当原物已由非法占有者转移至第三人，而第三人占有该原物是有偿的，所有人不能要求第三人返还原物。（　　）
12. 财产所有权的一项或两项权能可以与所有权分离。（　　）
13. 在共有关系存在期间，按份共有人无权处分其份额。（　　）
14. 共有人出售其份额，其他共同人在同等条件下，有优先购买的权利。（　　）
15. 财产所有权的权利主体是特定的，义务主体是不特定的。（　　）
16. 脑力劳动的成果如著作、发明创造、商标等都是非物质财富，不能作为物权的客体。（　　）

17. 收益权是所有权的一项独立权能，是所有权的核心。 （ ）

四、不定项选择题

2013 年 3 月，吴明将自己名下的一间商铺租给赵平使用，双方签订了为期 5 年的房屋租赁合同。考虑到租赁期限较长，赵平对该商铺进行了精装修，共计花费 20 万元。2013 年 12 月，吴明即将移民国外，故打算出售该商铺。孙敏出价 300 万元欲购买，吴明询问赵平是否购买，赵平出价 280 万元，并要求行使优先购买权。最终吴明与孙敏签订了买卖合同并办理了过户手续。孙敏要求赵平立即腾房搬走，赵平则要求孙敏补偿自己装修费用 20 万元。

请回答以下问题：

（1）下列说法正确的是（ ）。

A. 吴明取得该商铺财产所有权的方式属于继受取得

B. 吴明取得该商铺财产所有权的方式属于原始取得

C. 吴明通过先占方式取得该商铺财产所有权

D. 吴明通过买卖方式取得该商铺财产所有权

（2）赵平基于房屋租赁合同可以对该商铺行使的权利是（ ）。

A. 占有权　　B. 使用权

C. 收益权　　D. 处分权

（3）关于优先购买权，下列说法错误的是（ ）。

A. 赵平可以无条件地行使

B. 赵平与孙敏出价相同并且付款方式也相同才可行使优先购买权

C. 赵平与孙敏出价不相同也可以行使优先购买权

D. 赵平出价 280 万元，加上其装修该商铺花费的 20 万元，共计 300 万元，与孙敏的出价相同，故可以行使优先购买权

（4）对于赵平的要求，下列说法正确的是（ ）。

A. 孙敏应该补偿赵平装修费用

B. 孙敏没有义务补偿赵平装修费用

C. 吴明应该补偿赵平一部分装修费用

D. 吴明基于添附方式取得赵平对该商铺的装修财产所有权，故无需补偿赵平装修费

（5）下列说法错误的是（ ）。

A. 房屋买卖合同签订后孙敏即有权要求赵平搬走

B. 房屋买卖合同生效后孙敏即有权要求赵平搬走

C. 孙敏与吴明办理房屋产权过户登记手续后才有权要求赵平搬走

D. 孙敏要等到该房屋租赁合同到期才能要求赵平搬走

第四章 劳 动 法

一、单项选择题

1. 根据《劳动合同法》的规定，以下属于劳动合同必备条款的是（　　）。

A. 劳动合同期限　　B. 试用期

C. 保守商业秘密　　D. 福利待遇

2. 下列情形中，劳动者可以与用人单位订立劳动合同的是（　　）。

A. 16 虚岁的甲某与某商场签订的劳动合同

B. 15 周岁的乙某与某房地产公司签订的劳动合同

C. 14 周岁的丙某与某文艺团签订的劳动合同

D. 15 周岁的丁某与某运输公司签订的劳动合同

3. 下列情形中，用人单位不得解除劳动合同的是（　　）。

A. 劳动者在试用期内的

B. 劳动者不能胜任工作的

C. 劳动者在哺乳期的

D. 用人单位生产经营发生严重困难

4. 根据《劳动合同法》的规定，已经建立劳动关系，未同时订立书面劳动合同的，应当自用工之日起一定时间内订立书面劳动合同。该时间是（　　）。

A. 15 日内　　B. 1 个月内

C. 2 个月内　　D. 3 个月内

5. 2018 年 5 月 5 日，甲公司与王小小签订劳动合同，约定合同期限 1 年，试用期 1 个月，每月 15 日发放工资。王小小 5 月 9 日上岗工作。甲公司与王小小建立劳动关系的起始时间是（　　）。

A. 5 月 5 日　　B. 5 月 9 日

C. 5 月 15 日　　D. 6 月 5 日

6. 劳动者在该用人单位连续工作满（　　），劳动者提出或者同意订立无固定期限劳动合同的，应当订立无固定期限劳动合同。

A. 3 年　　B. 10 年
C. 5 年　　D. 8 年

7. 劳动者所获得的报酬要与他创造的（　　）相适应，《劳动法》规定使劳动的数量与质量同他们所获得的报酬直接联系起来，多劳多得，不劳不得。

A. 产品　　B. 价值
C. 价格　　D. 商品数量

8. 基本医疗保险实行（　　）的办法，目的是保障广大参保人的基本医疗需求，主要用于支付一般的门诊、急诊、住院等费用。

A. 个人账户与统筹基金相结合　　B. 企业包干
C. 国家包干　　D. 国家统筹

9. 职工因工作原因受到事故伤害或者患职业病，且经（　　）的，享受工伤保险待遇；其中，经鉴定丧失劳动能力的，享受伤残待遇。

A. 治疗后不能康复　　B. 住院治疗
C. 工伤认定　　D. 本人或家属申请

10. 经济补偿按劳动者在本单位工作的年限，每满 1 年支付（　　）工资的标准向劳动者支付。

A. 半个月　　B. 一个月
C. 一个半月　　D. 两个月

11. 我国《劳动法》禁止用人单位招用未满（　　）的未成年人。

A. 14 周岁　　B. 15 周岁
C. 16 周岁　　D. 18 周岁

12. 下列关于《劳动法》对人的适用范围的表述，正确的是（　　）。

A. 家庭聘用的保姆适用《劳动法》
B. 个体经济组织聘用的劳动者不适用《劳动法》
C. 事业单位聘用的劳动者不适用《劳动法》
D. 国家机关和与之形成事实劳动关系的劳动者适用《劳动法》

13. 根据《劳动法》的规定，下列各项中，劳动者不需要事先告知即可解除劳动合同的是（　　）。

A. 用人单位未按照劳动合同约定提供劳动保护或者劳动条件
B. 用人单位违章指挥、强令冒险作业危及劳动者人身安全
C. 用人单位未及时足额支付劳动报酬
D. 用人单位未依法为劳动者缴纳社会保险费

14. 用人单位自（　　）起即与劳动者建立劳动关系。

A. 用工之日　　B. 签订合同之日

C. 上级批准设立之日　　D. 劳动者领取工资之日

15. 用人单位自用工之日起即与劳动者建立劳动关系。用人单位应当建立（　　），以备劳动管理部门核查。

A. 职工名册　　B. 人事档案

C. 劳动合同　　D. 基本养老保险

16. 以下属于劳动合同必备条款的是（　　）。

A. 劳动报酬　　B. 试用期

C. 保守商业秘密　　D. 福利待遇

17.《劳动法》规定，在本单位连续工作满（　　），且距法定退休年龄不足 5 年的，用人单位不得解除劳动合同。

A. 10 年　　B. 20 年

C. 12 年　　D. 15 年

18. 劳动者违反竞业限制约定的，应当按照约定向用人单位支付（　　）。

A. 违约金　　B. 赔偿金

C. 补偿金　　D. 损失费

19. 下列选项中，用人单位不必向劳动者支付经济补偿的是（　　）。

A. 被依法宣告破产的

B. 被责令关闭、撤销的

C. 被吊销营业执照的

D. 劳动者主动向用人单位提出解除劳动合同并与用人单位协商一致解除劳动合同的

20. 用人单位违法不与劳动者订立无固定期限劳动合同的，自应当订立无固定期限劳动合同之日起向劳动者每月支付（　　）倍的工资。

A. 1　　B. 2

C. 3　　D. 4

21. 劳动合同也称为劳动协议，它是劳动者与用人单位之间为确立（　　）明确双方权利与义务的协议。

A. 买卖关系　　B. 社会关系

C. 劳动关系　　D. 生产关系

22. 劳动合同期限 1 年以上不满 3 年的，试用期不得超过（　　）。

A. 半个月　　B. 1 个月

C. 2 个月　　D. 3 个月

二、多项选择题

1. 下列选项中属于劳动者基本权利的有（　　）。

A. 取得劳动报酬的权利

B. 获得劳动安全卫生保护的权利

C. 休息、休假的权利

D. 要求用人单位按自己的喜好调换工作岗位的权利

2. 约定劳动合同期限可以采用的形式包括（　　）。

A. 有固定期限　　B. 无固定期限

C. 自动续期　　D. 以完成一定工作为期限

3. 下列选项中属于劳动合同必备条款的是（　　）。

A. 劳动合同的期限　　B. 社会保险

C. 工作内容和地点　　D. 工作时间和休息休假

4. 张小天2017年8月进入含星公司工作，公司按月支付工资，至2017年年底公司尚未与张小天签订劳动合同。下列表述中正确的有（　　）。

A. 公司与张小天之间可视为不存在劳动关系

B. 公司与张小天之间可视为已订立无固定期限劳动合同

C. 公司应与张小天补订书面劳动合同，并支付工资补偿

D. 张小天可与公司终止劳动关系，公司应支付经济补偿

5. 下列情形中用人单位不得解除劳动合同的有（　　）。

A. 甲，非因工负伤，在规定的医疗期内

B. 乙，女职工，尚在哺乳期内

C. 丙，已在本单位连续工作满10年，且距法定退休年龄不足5年的

D. 丁，已在本单位连续工作满15年，且距法定退休年龄不足5年的

6. 用人单位应当与下列（　　）人员订立无固定期限劳动合同。

A. 甲，在该单位连续工作满5年

B. 乙，在该单位连续工作满8年

C. 丙，在该单位连续工作满10年

D. 丁，已经与该单位连续订立两次固定期限劳动合同又续订劳动合同

7. 下列保险中属于社会保险的有（　　）。

A. 工伤保险　　B. 医疗保险

C. 财产保险　　D. 重大疾病保险

8. 下列情形中，劳动者可以单方面随时通知用人单位解除劳动合同的有（　　）。

A. 用人单位未及时足额支付劳动报酬的

B. 用人单位未依法为劳动者缴纳社会保险费的

C. 用人单位以暴力、威胁或者非法限制人身自由的手段强迫劳动者劳动的

D. 用人单位违章指挥、强令冒险作业危及劳动者人身安全的

9. 根据劳动合同法律制度的规定，下列各项中，可导致劳动合同终止的情形有（　　）。

A. 劳动合同期满　　B. 女职工在哺乳期

C. 用人单位依法宣告破产　　D. 劳动者达到法定退休年龄

10. 劳务派遣的主要形式包括（　　）。

A. 长期派遣　　B. 短期派遣

C. 完全派遣　　D. 转移派遣

11. 解决劳动争议的途径有（　　）。

A. 协商　　B. 调解

C. 仲裁　　D. 诉讼

12. 根据劳动合同法律制度的规定，下列各项中，劳动者可以向劳动争议仲裁部门申请劳动仲裁的有（　　）。

A. 确认劳动关系　　B. 社会保险争议

C. 劳动保护条件争议　　D. 工伤医疗费争议

13. 下列说法正确的是（　　）。

A. 职工基本养老保险实行社会统筹与个人账户相结合

B. 参保职工未达到法定退休年龄时因病致残完全丧失劳动能力，可以领取病残津贴

C. 参保职工死亡后，其个人账户中的余额可以全部依法继承

D. 职工基本养老保险个人账户不得提前支取

三、判断题

1. 由用人单位提出解除劳动合同而与劳动者协商一致的，必须依法向劳动者支付经济补偿。（　　）

2. 我国的社会保障，是通过劳动者个人和政府共同承担的社会保障形式来实现的。（　　）

3. 因特殊原因需要延长工作时间的，在保障劳动者身体健康的条件下延长工作时间每日不得超过 3 小时，并且每月累计不得超过 30 小时。（　　）

4. 用工单位自用工之日起满 1 年不与劳动者订立书面劳动合同的，视为用人单位与劳动者订立无固定期限劳动合同。（　　）

5. 国家实行劳动者每日工作时间不超过 8 小时、平均每周工作时间不超过 48 小时的工时制度。（　　）

6. 劳动合同协商一致的原则，是指双方当事人就劳动合同的内容经过充分协商，取得完全一致时方可订立劳动合同。（　　）

7. 用人单位自用工之日起即与劳动者建立劳动关系，用人单位应当建立职工名册，以备劳动管理部门核查。（　　）

8. 用人单位自用工之日起满 2 年不与劳动者订立书面合同的，视为用人单位与劳动者已订立无固定期限劳动合同。（　　）

9. 劳动争议当事人对仲裁裁决不服的，可以自收到仲裁裁决之日起15日内向人民法院起诉。 ( )

10. 劳动者提前30日以书面形式通知用人单位，可以解除劳动合同，劳动者在试用期内提前3日通知用人单位，可以解除劳动合同。 ( )

11. 个体工匠与帮工、学徒之间发生纠纷，也属于劳动争议，可向劳动争议仲裁委员会申请仲裁。 ( )

12. 在本单位连续工作满15年，且距法定退休年龄不足5年的，用人单位不得解除劳动合同。 ( )

13. 我国的劳动法是指由国家制定的、调整人身关系以及与人身密切相关的法律关系的法律规范的总称。 ( )

14. 国家公务员与国家机关之间所结成的劳动关系，除了依照《劳动法》的原则之外，主要还是依靠《公务员法》进行调整。 ( )

15. 社会保险的保障对象是全体劳动者，资金主要来源是劳动者个人的缴费，政府给予资助。 ( )

16. 目前我国已有规章制度的社会保险种类主要有养老保险、医疗保险、工伤保险、生育保险和失业保险，社会上俗称为“五险”。 ( )

17. 生育保险由用人单位按照国家规定缴纳生育保险费，职工统筹缴纳生育保险费，生育保险待遇包括生育医疗费用和生育津贴。 ( )

18. 用人单位应当自用工之日起50日内为其职工向社会保险经办机构申请办理社会保险登记。 ( )

19. 由劳动者主动辞职而与用人单位协商一致解除劳动合同的，用人单位也需要向劳动者支付经济补偿。 ( )

20. 因工资而起的劳动纠纷是最主要的劳动争议，此外劳动防护、劳动保险、工伤处理等也是经常引起劳动争议的原因。 ( )

21. 劳动者患病或者非因工负伤，在规定的医疗期内的，用人单位不得解除劳动合同。 ( )

四、不定项选择题

某大型服装公司聘用了首次就业的唐婷（女）。双方签订的劳动合同约定：合同为期5年，试用期12个月；试用期工资为1500元，转正后工资为3000元加销售提成；公司每年为唐婷购买人身意外伤害保险，不购买社会保险；公司安排唐婷参加业务培训，费用由公司承担，唐婷必须为公司服务5年并且在合同期内不得结婚生育。唐婷向公司缴纳了800元的保证金后正式上班。2年后，公司安排唐婷到巴黎进行为期1年的专业学习，但唐婷在巴黎与他人结婚并怀孕。公司以唐婷违反合同为由将其开除，唐婷不服，双方发生争议。

请回答以下问题：

（1）本案中的劳动合同违反《劳动法》的条款有（　　）。

A. 约定 5 年的服务期

B. 公司为唐婷购买人身意外伤害保险

C. 公司不为唐婷购买社会保险

D. 在合同期内不准唐婷结婚生育

（2）公司应当为唐婷购买的社会保险有（　　）。

A. 医疗保险　　B. 生育保险

C. 工伤保险　　D. 养老保险

（3）下列情形中公司可以解除劳动合同的情形是（　　）。

A. 唐婷在试用期间被证明不符合录用条件

B. 唐婷结婚并怀孕

C. 唐婷严重失职，营私舞弊，给公司造成重大损害的

D. 唐婷被依法追究刑事责任

（4）本案中的劳动合同的试用期最长可以为（　　）。

A. 12 个　　B. 6 个月

C. 3 个月　　D. 1 个月

（5）对于该争议，唐婷可选择的解决途径有（　　）。

A. 调解　　B. 申诉

C. 仲裁　　D. 诉讼

第五章 内资企业法律制度

一、单项选择题

1. 个人独资企业是由（　　）投资的企业。

A. 一个自然人　　B. 一个外国人

C. 一个国家机关　　D. 一个国家授权投资的机构

2. 各个合伙人对合伙企业的债务承担（　　）。

A. 有限责任　　B. 无限连带责任

C. 连带责任　　D. 无限责任

3. 合伙企业的财产不足以清偿其债务的，债务人（　　）。

A. 无权索要

B. 应当按照合伙协议确定的比例分别向各合伙人索要

C. 可以向任何一个合伙人要求全部偿还

D. 只能向合伙企业的负责人要求全部偿还

4. 某合伙企业，甲用货币出资，乙用专利权出资，丙用设备、房屋出资，丁用劳务出资，但是有一个合伙人不同意，那么上述出资方式不符合法律规定的是（　　）。

A. 甲　　B. 乙

C. 丙　　D. 丁

5. 根据《个人独资企业法》的规定，个人独资企业解散的，财产应当按照（　　）的顺序清偿。①所欠国家税款；②所欠职工工资和社会保险费用；③所欠其他债务。

A. ①②③　　B. ②①③

C. ③①②　　D. ①③②

6. 合伙协议没有约定合伙企业损益分配比例的（　　）。

A. 由各合伙人平均分配和分担　　B. 由负责人决定

C. 按照各自出资比例确定　　D. 由企业的管理者承担

7. 合伙企业下列事务中哪一项不经全体合伙人一致同意也可有效？（　　）

A. 改变合伙企业主要经营场所地点　　B. 处分合伙企业的动产

C. 改变合伙企业名称　　D. 以合伙企业财产为他人提供担保

8. 合伙人李某丧失个人偿债能力，这种退伙属于（　　）。

A. 自愿退伙　　B. 通知退伙

C. 当然退伙　　D. 协议退伙

9. 王某准备自己开办一个饮料加工厂，应具备的必备条件（　　）。

A. 投资人只能是 2 个以上的自然人　　B. 必须有健全的组织机构

C. 最低注册资本不少于 3 万元　　D. 有必要的从业人员

10. 个人独资企业投资人对本企业的财产依法享有（　　），其有关权利可以依法转让或继承。

A. 使用权　　B. 占有权

C. 所有权　　D. 租赁权

11. 下列人员可以作为投资人申请设立个人独资企业的有（　　）。

A. 待业人员　　B. 国家公务员

C. 法官　　D. 商业银行工作人员

12. 下列可以投资设立个人独资企业的中国公民是（　　）。

A. 桃江县政府办公室主任张某　　B. 长沙银行五一路支行行长蔡某

C. 长沙市中级人民法院法官王某　　D. 长沙财经学校毕业生李某

13. 甲、乙、丙共同投资设立 A 合伙企业。1 年后，甲欠丁人民币 5 万元，无力用个人财产清偿，丁可以用下列哪种方式保障自己的合法权益？（　　）

A. 代位行使甲在 A 合伙企业的权利

B. 自行接管甲在 A 合伙企业的财产份额

C. 依法请求人民法院强制执行甲在 A 合伙企业的财产份额用于清偿

D. 直接变卖甲在 A 合伙企业的财产份额用于清偿

14. 某普通合伙企业委托刘洋执行合伙事务，下列说法正确的是（　　）。

A. 刘洋可以邀请某合伙人一起对外代表该合伙企业

B. 只能由刘洋对外代表该合伙企业

C. 除合伙协议另有约定外，刘洋可以改变该合伙企业的主要经营场所的地点

D. 除合伙协议另有约定外，刘洋可以自行处分合伙企业的不动产

15. 甲普通合伙企业的合伙人赵某欠个体工商户王某 10 万元债务，王某欠甲合伙企业 5 万元债务已到期。赵某的债务到期后一直未清偿。王某的下列做法中，符合《合伙企业法》规定的是（　　）。

A. 代位行使赵某在甲合伙企业中的权利

B. 自行接管赵某在甲合伙企业中的财产份额

C. 依法请求人民法院强制执行赵某在甲合伙企业中的财产份额用于清偿

D. 主张以其债权抵销其对甲合伙企业的债务

16. 小王为丽丽有限合伙企业的有限合伙人，他以普通合伙人的身份与大为企业进行了交易，大为企业有理由相信小王是普通合伙人，根据规定下列说法正确的是（　　）。

A. 大为公司自行承担责任

B. 丽丽有限合伙企业不承担责任

C. 小王以其对合伙企业的出资额对该笔交易承担有限责任

D. 小王针对该笔交易承担与普通合伙人同样的责任

17. 李某是A普通合伙企业的合伙人，因车祸成为植物人，被人民法院依法宣告为无民事行为能力人，其他合伙人不同意将其转为有限合伙人。李某属于下列哪种退伙？（　　）

A. 协议退伙　　B. 通知退伙

C. 当然退伙　　D. 除名

18. 个人独资企业（　　）。

A. 是法人企业　　B. 是非法人企业

C. 不能从事民事活动　　D. 不是独立的民事主体

二、多项选择题

1. 以企业的规模大小为标准，可将企业分为（　　）。

A. 大型企业　　B. 中型企业

C. 小型企业　　D. 联合企业

2. 下列选项中会导致合伙人当然退伙的情形是（　　）。

A. 经其他全体合伙人一致同意而退伙

B. 合伙人死亡

C. 合伙人丧失民事行为能力

D. 合伙人在合伙企业中的部分财产份额被人民法院强制执行

3. 合伙人可以采用的出资方式有（　　）。

A. 劳务　　B. 实物

C. 货币　　D. 土地使用权

4. 下列说法正确的是（　　）。

A. 普通合伙人可以以知识产权出资

B. 有限合伙人可以以实物出资

C. 普通合伙人可以以土地使用权出资

D. 有限合伙人可以以劳务出资

5. 下列人员中可以成为合伙企业合伙人的有（　　）。

A. 甲，某高校教师，30岁，拥有一项发明专利

B. 乙，自由职业者

C. 丙，某中学学生，15 岁

D. 丁，某国家机关公务员

6. 下列选项中属于企业终止的有（　　）。

A. 解散　　B. 破产

C. 转产　　D. 分立

7. 下列关于个人独资企业的说法正确的是（　　）。

A. 投资人为一个自然人　　B. 有独立的法人资格

C. 没有法人资格　　D. 实际就是一人有限责任公司

8. 下列各项可以用作个人独资企业名称的有（　　）。

A. 天缘时尚摄影中心　　B. 爱美丽形象设计工作室

C. 含光纺织有限公司　　D. 云坊股份有限公司

9. 下列关于有限合伙人的说法错误的有（　　）。

A. 不得执行合伙事务

B. 可以对外代表有限合伙企业

C. 不得对企业的经营管理提出建议

D. 可参与决定普通合伙人的入伙

10. 普通合伙企业中合伙人可以以如下的（　　）作为出资方式。

A. 货币　　B. 著作权

C. 工业产权　　D. 劳务

11. 下列人员应对普通合伙企业债务承担连带责任的有（　　）。

A. 合伙企业全体合伙人

B. 合伙企业债务发生后办理入伙的合伙人

C. 合伙企业债务发生后办理退伙的合伙人

D. 合伙企业聘用的经营管理人员

12. 张三设立的个人独资企业经营发生严重亏损，2017 年 6 月 20 日，张三决定解散该企业，自行清算并在规定时间向债权人发出了通知。甲债权人于 2017 年 7 月 1 日收到通知。甲向个人独资企业申报债权的期限截止到（　　）。

A. 2017 年 7 月 15 日　　B. 2017 年 7 月 30 日

C. 2017 年 8 月 30 日　　D. 2017 年 7 月 5 日

三、判断题

1. 根据企业组织形式的不同，企业可分为独资企业、合伙企业、股份制企业以及单一企业和联合企业。（　　）

2. 企业的终止主要指破产。（　　）

3. 合伙协议可以约定将全部利润分配给部分合伙人，或者由部分合伙人承担全部亏损。（　　）

4. 合伙协议未约定合伙亏损或者利润分配比例的，由各合伙人按照出资比例分配和分担。（ ）

5. 经全体合伙人协商一致，合伙人也可以用劳务出资。（ ）

6. 普通合伙人退伙后，对基于其退伙前的原因发生的合伙企业债务，不承担无限连带责任。（ ）

7. 合伙人全部缴清出资之日，为合伙企业的成立日期。（ ）

8. 投资人在申请企业设立个人独资企业登记时明确以其家庭共有财产作为个人出资的，不必以家庭共有财产对企业债务承担无限责任。（ ）

9. 个人独资企业投资人可以自行管理企业事务，也可以委托或者聘用其他具有民事行为能力的人负责企业的事务管理。（ ）

10. 国有独资公司、国有企业、上市公司以及公益性的事业单位、社会团体可以成为普通合伙人。（ ）

11. 个人独资企业不具有法人资格，也就没有独立承担民事责任的能力。（ ）

12. 除合伙协议另有约定外，合伙人向合伙人以外的人转让其在合伙企业中的全部或者部分财产份额时，须经其他合伙人一致同意。（ ）

13. 合伙企业由两人以上组成。合伙企业不是个体的单独行为，而是多个人的联合。因而，一个合伙企业至少有两个以上合伙人。（ ）

14. 个人独资企业清算结束以后，投资人或者人民法院指定的清算人应当编制清算报告，并于30日内到登记机关办理注销登记。（ ）

15. 新的普通合伙人对入伙前合伙企业的债务承担无限连带责任。（ ）

16. 合伙企业存续期间，任何合伙人都不得转让其在合伙企业中的财产份额。（ ）

17. 特殊的普通合伙企业名称中应当标明“特殊普通合伙”字样。（ ）

四、不定项选择题

2010年甲、乙、丙三人共同出资设立了一个从事餐饮的合伙企业“诸葛烤鱼”。甲出资100万元；乙用自己的商铺出资，作价200万元；经甲乙一致同意丙以劳务出资，出任“诸葛烤鱼”的总厨。为了更好地管理该企业，甲、乙、丙共同聘用高某为企业的经营管理人员。开张后，餐厅生意火爆。半年后，高某入伙该餐厅。两年后高某自己也开了一个与“诸葛烤鱼”类似的餐厅并成了“诸葛烤鱼”最大的竞争对手。到了2015年，因合伙人之间的分歧越来越大，丙将其全部合伙份额转让给了丁。2017年，全体合伙人一致同意解散“诸葛烤鱼”。

请回答以下问题：

（1）合伙人的出资方式有（ ）。

A. 货币　　B. 实物

C. 知识产权　　D. 劳务

（2）关于入伙下列说法正确的是（　　）。

A. 入伙应当经全体合伙人同意

B. 入伙应当订立书面合伙协议

C. 新合伙人只对其入伙后的合伙企业债务承担连带责任

D. 新合伙人对其入伙前的合伙企业债务也承担连带责任

（3）关于高某自己开餐厅的行为，下列说法错误的是（　　）。

A. 高某可以自营与“诸葛烤鱼”相竞争的业务

B. 高某不得自营与“诸葛烤鱼”相竞争的业务

C. 如果高某的自营行为给“诸葛烤鱼”造成损失，高某应予以赔偿

D. 高某应定期向其他合伙人报告“诸葛烤鱼”的经营状况和财务状况

（4）必须经全体合伙人一致同意的合伙事务有（　　）。

A. 处分“诸葛烤鱼”的不动产

B. 处分“诸葛烤鱼”的动产

C. 以“诸葛烤鱼”的名义为他人提供担保

D. 将“诸葛烤鱼”改为“跳跳鱼”

（5）合伙企业应当解散的事由包括（　　）。

A. 出现合伙协议约定的解散事由

B. 全体合伙人决定解散

C. 合伙人已不具备法定人数

D. 合伙企业的营业执照被吊销

第六章 外商投资企业法

一、单项选择题

1. 合营企业的最高权力机构是（　　）。
   A. 董事会　　B. 股东会
   C. 监事会　　D. 职工代表大会
2. 中外合作经营企业的注册资本中，外方合作者的投资比例（　　）。
   A. 不得低于20%　　B. 不得高于49%
   C. 没有规定　　D. 不得低于25%
3. 申请设立外商投资企业，应经（　　）批准。
   A. 工商行政管理部门　　B. 企业上级管理部门
   C. 国际贸易促进委员会　　D. 对外贸易经济合作部和受托机构
4. 在中外合营企业注册资本中，外国合营者的投资比例一般不低于（　　）。
   A. 25%　　B. 35%
   C. 49%　　D. 51%
5. 中外合资经营企业的组织形式为（　　）。
   A. 有限责任公司　　B. 股份有限公司
   C. 无限公司　　D. 两合公司
6. 中外合资经营企业的法定代表人是（　　）。
   A. 股东大会　　B. 董事会
   C. 董事长　　D. 总经理
7. 中外合作经营企业是（　　）。
   A. 企业法人　　B. 外国企业
   C. 国有企业　　D. 契约式企业
8. 法人型中外合作经营企业采用（　　）的经营管理方式。
   A. 董事会制　　B. 联合管理制

C. 分开管理制　　D. 委托管理制

9. 不能作为外资企业出资方式的是（　　）。

A. 货币　　B. 土地使用权

C. 商标权　　D. 实物

10. 中外合资经营企业的解散，应由（　　）。

A. 总经理提出申请　　B. 董事会提出申请

C. 企业上级管理部门提出申请　　D. 政府管理机关提出申请

11. 下列关于合营企业注册资本的表述中，正确的是（　　）。

A. 合营企业注册资本为各方认缴的出资额之和

B. 合营企业注册资本为各方实缴的出资额之和

C. 合营企业注册资本为合营企业的投资总额

D. 合营企业增加注册资本，经董事会批准即可

12. 合营企业的最高权力机构是（　　）。

A. 股东会　　B. 董事会

C. 监事会　　D. 职工代表大会

二、多项选择题

1. 外商投资企业的种类有（　　）。

A. 外国公司在中国开设的分公司　　B. 合营企业

C. 外资企业　　D. 合作企业

2. 下列关于外资企业出资的说法正确的是（　　）。

A. 由外国投资者认缴全部出资额

B. 外国投资者可用自由兑换的外币出资

C. 分期缴付出资的，第一期出资不得少于10%

D. 分期缴付出资的，最后一期应在营业执照签发之日起3年内缴清

3. 外商投资企业的法律特征有（　　）。

A. 投资主体必须包括外国投资者

B. 外商投资企业是外国的投资者在我国的私人直接投资

C. 外商投资企业必须依据我国的法律设立

D. 外商投资企业可以依据外国的法律设立

4. 中外合资经营企业的中方合营者可以是（　　）。

A. 个人　　B. 公司

C. 企业　　D. 其他经济组织

5. 下列选项中属于中外合资经营企业的法律特征的是（　　）。

A. 由中外合营者共同举办　　B. 是外国的法人

C. 是股权制企业　　D. 组织形式是股份有限公司

6. 中外合作经营企业可以采用下列（　　）等形式设立权力机构。

A. 联合管理机构　　B. 民主管理委员会

C. 股东会　　D. 董事会

7. 中外合作经营企业与中外合资经营企业的区别有（　　）。

A. 性质和法律地位不同　　B. 投资方式不同

C. 资本回收方式不同　　D. 管理方式不同

8. 外国合营者可以用（　　）方式出资。

A. 以人民币缴付出资　　B. 以美元缴付出资

C. 以专有技术作价出资　　D. 以场地使用权作价出资

9. 合营企业的（　　）事项须经出席董事会议的董事一致通过。

A. 企业章程的修改　　B. 企业注册资本的增加

C. 企业的分立　　D. 企业利润的分配

三、判断题

1. 中外合资经营企业的组织形式是有限责任公司。（　　）

2. 外资企业的组织形式为有限责任公司，依法取得法人资格。（　　）

3. 中外合作企业是契约式企业，中外合营企业是股权式企业。（　　）

4. 以外国货币作为记账本位币的合营企业，其编报的财务会计报告应当折算为人民币。（　　）

5. 中外合营企业的注册资本，是指设立合营企业，在登记机关登记的资本总额，应为合营各方实缴的出资之和。（　　）

6. 中外合资经营企业的投资总额，应大于注册资本。（　　）

7. 中外合营企业的董事会会议应有 2/3 以上董事出席方能举行，董事不能出席董事会议的，可以委派他人代表其出席和表决。（　　）

8. 股东大会是中外合营企业的最高权力机构。（　　）

9. 中外合作企业可以是法人或非法人企业，但都应遵守中国和合作者所在国家的法律。（　　）

10. 合作各方以自有的财产或财产权利作为投资或合作条件，对该投资或合作条件不可以设立抵押或其他形式的担保。但以上土地使用权作为出资条件的只能是中国一方。（　　）

11. 外商投资企业就是外资独资企业。（　　）

12. 董事会是合营企业的最高权力机构，决定合营企业的一切重大问题。（　　）

13. 合作合同不仅规定合作各方权利义务，而且连合作企业的组织形式也由双方协商选定。（　　）

第七章 企业破产法

一、单项选择题

1. 破产法的适用范围是（　　）。

A. 所有的企业　　B. 破产清算组织

C. 企业法人　　D. 国家机关

2. 人民法院受理破产申请前（　　），涉及债务人财产的下列行为，管理人有权请求人民法院予以撤销。

A. 1个月　　B. 2个月

C. 1年　　D. 6个月

3. 人民法院裁定受理破产申请的，应当同时指定管理人，管理人由（　　）指定。

A. 破产清算组　　B. 债权人会议

C. 上级主管部门　　D. 人民法院

4. 我国《企业破产法》规定，债权人会议成员中，（　　）享有表决权。

A. 全体债权人

B. 无财产担保的债权人

C. 有财产担保的未放弃优先受偿权的债权人

D. 债务人的保证人

5. 和解是指（　　）就企业延期或减免清偿债务等问题向人民法院申请和解，经人民法院审查认为和解申请符合《企业破产法》规定的，应当裁定和解的法律程序。

A. 债务人　　B. 债权人

C. 清算组　　D. 破产企业的上级主管部门

6. 根据我国《企业破产法》的规定，破产财产应当优先拨付（　　）。

A. 破产费用

B. 破产企业所欠税款

C. 破产企业所欠职工工资和劳动保障费用

D. 公益债务

7. 人民法院受理破产案件后，应在（　　）日内通知债务人并发布公告。

A. 10　　B. 5

C. 30　　D. 60

8. 债权人会议的决议，一般应当出席会议并有表决权的债权人过半数通过，他们所代表的债权额，必须占无财产担保债权总额的（　　）以上。

A. 1/2　　B. 1/3

C. 2/3　　D. 1/4

9. 以下对违反《破产法》的法律责任的责任形式表述正确的是（　　）。

A. 民事责任　　B. 行政责任

C. 刑事责任　　D. 民事责任、行政责任、刑事责任

二、多项选择题

1. 下列说法错误的有（　　）。

A. 债权人的债权申报期限自人民法院发布受理破产申请公告之日起计算

B. 债权人的债权申报期限最短不得少于 60 日

C. 债权人的债权申报期限最长不得超过 6 个月

D. 未到期的债权在破产申请受理时视为到期

2. 下列选项中能够适用《破产法》的有（　　）。

A. 事业单位　　B. 有限责任公司

C. 股份有限公司　　D. 国家机关

3. 下列有权提出破产申请的主体有（　　）。

A. 债权人　　B. 债务人

C. 财政局　　D. 工商局

4. 下列选项中属于破产管理人职责的有（　　）。

A. 接管债务人的财产　　B. 决定债务人的内部管理制度

C. 决定债务人的日常开支　　D. 代表债务人参加诉讼

5. 在破产财产清偿中应该得到优先清偿的是（　　）。

A. 破产费用　　B. 破产债权

C. 职工工资　　D. 共益债务

三、判断题

1. 破产申请应以书面的形式向债务人住所地人民法院提出。（　　）

2. 债权申报期限自人民法院发布受理破产申请公告之日起计算，最短不得少于 10 日，最长不得超过 1 个月。（　　）

3. 对破产人的特定财产享有担保权的权利人，对所有破产财产享有优先受偿的权利。（　）

4. 债权人会议通过破产财产分配方案后，由管理人将该方案提请人民法院裁定认可。（　）

5. 人民法院受理破产申请后，债务人与全体债权人就债权债务的处理自行达成协议的，可以请求人民法院裁定认可，并终结破产程序。（　）

6. 人民法院可以在征询有关社会中介机构的意见后，指定律师事务所、会计师事务所、破产清算事务所等社会中介机构中具备相关专业知识的人员担任管理人。（　）

7. 破产申请受理时属于债务人的全部财产，以及破产申请受理后至破产程序终结前债务人取得的财产，均为债务人财产。（　）

8. 管理人或者债务人依照《破产法》规定解除合同的，对方当事人因合同解除所产生的损害，管理人或债务人不承担经济责任。（　）

9. 因管理人或者债务人请求对方当事人履行双方均未履行完毕的合同所产生的债务，称为破产费用。（　）

10. 债务人或者管理人应当自人民法院裁定债务人重整之日起 1 年内，同时向人民法院和债权人会议提交重整计划草案。（　）

11. 人民法院受理破产申请后，债务人或者财产持有人应当向管理人清偿债务或者交付财产。（　）

12. 破产案件由破产企业所在省的最高人民法院负责受理。（　）

13. 有财产担保的债权人，在债权人会议中同样享受表决权，只是不能担任债权人会议主席。（　）

14. 根据我国《破产法》的规定，债权人会议的决议对全体债权人都有约束力。（　）

15. 债权人提出破产申请的，人民法院应当自收到申请之日起 5 日内通知债务人。（　）

16. 所谓破产，是指企业法人不能清偿到期债务时，通过法律规定的程序将债务人的全部资产供债权人平均受偿，不足部分暂缓清偿的一系列司法活动。（　）

四、不定项选择题

某百货有限公司成立于 2010 年，为扩大门店先后两次向同一家银行贷款共计 800 万元。因受电商冲击，生意日渐衰落，现已资不抵债。银行决定向人民法院申请该公司破产。

请回答以下问题：

（1）本案的管辖法院是（　）。

A. 百货公司住所地的人民法院

B. 百货公司董事长住所地的人民法院

C. 银行住所地的人民法院

D. 银行行长住所地的人民法院

（2）关于破产申请人，下列说法正确的是（　　）。

A. 仅百货公司可作为破产申请人

B. 仅银行可作为破产申请人

C. 百货公司或银行都可作为破产申请人

D. 未经银行同意百货公司不得作为破产申请人

（3）下列选项中属于破产费用的是（　　）。

A. 破产案件的诉讼费用

B. 管理债务人财产的费用

C. 债权人申报债权的费用

D. 分配债务人财产的费用

（4）破产财产分配方案应载明的事项有（　　）。

A. 参加破产财产分配的债权人的名称或姓名

B. 参加破产财产分配的债权额

C. 可供分配的破产财产数额

D. 分配破产财产的时间

（5）本案破产宣告前法院应当终结破产程序的情形有（　　）。

A. 第三人为百货公司提供足额担保

B. 第三人为百货公司清偿 80% 的到期债务

C. 第三人为百货公司清偿全部的到期债务

D. 百货公司已清偿全部的到期债务

第八章 公 司 法

一、单项选择题

1. 公司的成立日期是（　　）。

A. 提交公司登记申请书的日期

B. 公司营业执照的签发日期

C. 公司领取营业执照的日期

D. 公司登记机关通知公司领取营业执照的日期

2. 以募集方式设立股份有限公司的，发起人认购的股份不得少于公司股份总数的（　　）。

A. 20%　　B. 25%

C. 30%　　D. 35%

3. 国有独资公司不设（　　）。

A. 监事会　　B. 股东会

C. 经理　　D. 董事会

4. 股份有限公司股东大会的特别决议须经出席会议的股东所持表决权的（　　）以上通过。

A. 1/2　　B. 2/3

C. 3/4　　D. 1/3

5. 股东人数较少和规模较小的有限责任公司，不设董事会，由（　　）作为公司的法定代表人。

A. 执行董事　　B. 董事长

C. 总经理　　D. 股东会指定的负责人

6. 发行公司债券，有限责任公司的净资产额不低于人民币（　　）。

A. 1000 万元　　B. 5000 万元

C. 6000 万元　　D. 3000 万元

7. 下列公司中不具有法人资格的是（　　）。

A. 股份有限公司　　B. 有限责任公司

C. 某分公司　　D. 某子公司

8. 制订发行公司债券方案的是（　　）。

A. 监事会　　B. 董事会

C. 股东会　　D. 股东会或者股东大会

9. 某有限责任公司打算与另一公司合并，该合并方案必须经（　　）。

A. 代表 1/2 以上表决权的股东通过　　B. 代表 2/3 以上表决权的股东通过

C. 全体股东通过　　D. 出席股东会的全体股东通过

10. 有限责任公司设立监事会的，监事会的成员不得少于（　　）。

A. 5 人　　B. 3 人

C. 2 人　　D. 4 人

11. 法定公积金提取比例为公司当年税后利润的（　　）。

A. 10%　　B. 15%

C. 20%　　D. 30%

12. 自公司成立之日起，1 年内不得转让其持有的本公司股份的是（　　）。

A. 董事长　　B. 发起人

C. 总经理　　D. 普通股东

13. 公司发行债券，其累计债券总额不得超过公司净资产的（　　）。

A. 10%　　B. 20%

C. 30%　　D. 40%

14. 公司的法定公积金累计额为公司注册资本的（　　）以上时，可不再提取。

A. 25%　　B. 30%

C. 50%　　D. 40%

15. 公司的最高决策机构是（　　）。

A. 公司的工会　　B. 董事会

C. 股东会　　D. 监事会

16. 设立股份有限公司，应当有（　　）以上 200 人以下为发起人，其中须有半数以上的发起人在中国境内有住所。

A. 5 人　　B. 2 人

C. 3 人　　D. 1 人

17. 根据《公司法》的规定，下列有关公司组织机构的表述中，正确的是（　　）。

A. 股东人数较少或规模较小的有限责任公司可以不设监事会，也可以不设监事

B. 一人有限责任公司不设股东会

C. 国有独资公司的董事长由董事会以全体董事的过半数选举产生

D. 股份有限公司的董事会成员应当有公司职工代表

18. 有限责任公司中列席董事会会议的是（　　）。

A. 董事　　B. 经理

C. 监事　　D. 股东

19. 下列人员中，可以担任有限公司监事的是（　　）。

A. 副经理　　B. 财务负责人

C. 股东　　D. 董事

20. 有限责任公司的股东向股东以外的人转让股权，应当经其他股东（　　）同意。

A. 1/3 以上　　B. 全体

C. 过半数　　D. 2/3 以上

21. 公司的法定代表人是（　　）。

A. 股东代表　　B. 董事长

C. 董事代表　　D. 监事代表

22. 公司的监督机构是（　　）。

A. 董事会　　B. 股东会

C. 股东大会　　D. 监事会

23. 下列关于股票发行价格的说法不正确的是（　　）。

A. 股票发行价格可以按票面金额

B. 股票发行价格可以超过票面金额

C. 股票发行价格可以低于票面金额

D. 股票超过票面金额发行所得的溢价款应列入公司的资本公积金

24. 下列关于股份有限公司股票发行的表述符合《公司法》规定的是（　　）。

A. 公司历次发行股票的价格都必须相同

B. 公司发行的股票面额必须为每股 1 元

C. 公司发行的股票必须为无记名股票

D. 公司股票的发行价格不得低于票面金额

25. 有限责任公司是股东以（　　）为限对公司承担责任，公司以（　　）对公司债务承担责任的公司。

A. 个人全部财产；其特定资产　　B. 其出资额；其全部资产

C. 其出资额；其经营财产　　D. 其个人全部财产；其全部资产

26. 不属于有限责任公司的组织机构是（　　）。

A. 股东会　　B. 董事会

C. 职工代表大会　　D. 监事会

27. 创立大会应有代表股份总额（　　）以上的认股人出席，方可举行。

A. 1/2　　B. 1/3

C. 3/4　　D. 4/5

28. 张三和李四共同出资设立了湘湘有限责任公司，注册资金 15 万元。下列说法，不正确的是（　　）。

A. 湘湘公司不设董事会，由张三担任执行董事

B. 湘湘公司不设监事会，由李四担任执行监事

C. 湘湘公司决定由执行董事张三兼任经理

D. 湘湘公司决定由执行董事张三兼任监事

29. 下列有关股份有限公司监事会组成的表述中，符合公司法律制度规定的是（　　）。

A. 监事会成员必须全部由股东大会选举产生

B. 监事会中必须有职工代表

C. 未担任公司行政管理职务的公司董事可以兼任监事

D. 监事会成员任期为 3 年，不得连选连任

二、多项选择题

1. 以公司的管辖系统为标准划分，可将公司分为（　　）。

A. 总公司　　B. 母公司

C. 分公司　　D. 子公司

2. 以公司的组织系统为标准划分，可将公司分为（　　）。

A. 总公司　　B. 母公司

C. 分公司　　D. 子公司

3. 下列公司的组织形式中符合我国《公司法》规定的有（　　）。

A. 无限责任公司　　B. 有限责任公司

C. 股份两合公司　　D. 股份有限公司

4. 根据《公司法》的规定，公司章程对特定的人员或机构具有约束力。下列各项中，属于该特定人员或机构的有（　　）。

A. 公司财务负责人　　B. 上市公司董事会秘书

C. 公司股东　　D. 公司实际控制人

5. 根据《公司法》的规定，有限责任公司股东会会议对下列事项作出的决议中，必须经代表 2/3 以上表决权的股东通过的有（　　）。

A. 修改公司章程　　B. 减少注册资本

C. 更换公司董事　　D. 变更公司形式

6. 下列选项中属于股份有限公司组织机构的有（　　）。

A. 股东大会　　B. 董事会

C. 监事会　　D. 职工代表大会

7. 公司监事会的成员可以从下列（　　）人员中选任。

A. 董事　　B. 财务负责人

C. 股东　　D. 普通员工

8. 下列关于公司特征说法正确的有（　　）。

A. 公司具有法人资格　　B. 公司必须依法成立

C. 公司是企业法人　　D. 公司不以营利为目的

9. 下列人员中不得兼任公司监事的有（　　）。

A. 小股东王某　　B. 董事刘某

C. 经理张某　　D. 财务负责人邓某

10. 下列关于股份发行的说法，错误的有（　　）。

A. 以公开、公平、公正为原则

B. 同次发行的股份，其发行价格和发行条件应当相同

C. 同次发行的股份，其发行价格和发行条件可以不相同

D. 发行股份所得的溢价款应当列入公司注册资本

11. 下列关于股份发行价格的说法错误的有（　　）。

A. 股份的发行价格可以等于票面金额

B. 股份的发行价格可以高于票面金额

C. 股份的发行价格可以低于票面金额

D. 股份的发行价格必须等于票面金额

12. 下列股份有限公司股东的股份转让行为合法的有（　　）。

A. 钱姓股东将其名下全部记名股以背书方式转让给丁某

B. 张姓股东将其持有的无记名股以交付方式转让给李某

C. 张姓股东和李某的交付行为可以在任何场所进行

D. 张姓股东和李某的交付行为必须在依法设立的证券交易场所进行

13. 下列关于可转换债券的描述错误的有（　　）。

A. 公司应当在发行债券时就规定好转换的条件和方法

B. 公司可以在转换条件成熟时再规定转换的方法

C. 转换条件成熟时，债券持有人可以决定是否将债券转换为股票

D. 转换条件成熟时，债券持有人必须将债券转换为股票

14. 公司发行债券必须具备的条件有（　　）。

A. 有限责任公司的净资产额不低于人民币 6000 万元

B. 股份有限公司的净资产额不低于人民币 3000 万元

C. 累计债券余额不超过公司净资产额的 40%

D. 最近 3 年平均可分配利润足以支付公司债券 1 年的利息

15. 下列（　　）事项可以使用公司的公积金。

A. 给公司董事长购买汽车　　B. 弥补公司亏损

C. 转增资本　　D. 给公司全体员工发放福利

16. 下列说法正确的有（　　）。

A. 一人有限责任公司的股东只有一个

B. 一人有限责任公司的股东可以是自然人或法人

C. 一人有限责任公司的股东对公司的债务一律负连带责任

D. 一人有限责任公司可以不设股东会

17. 组成公司财务会计报告的报表包括（　　）。

A. 资产负债表　　B. 损益表

C. 现金流量表　　D. 利润分配表

18. 根据《会计法》和《企业财务会计报告条例》的规定，下列各项中，属于财务会计报告组成部分的有（　　）。

A. 会计报表　　B. 会计报表附注

C. 财务情况说明书　　D. 注册会计师出具的审计报告

19. 股票的特点是（　　）。

A. 不可偿还性　　B. 收益性

C. 流通性　　D. 价格波动性

20. 下列关于股票和债券的说法错误的有（　　）。

A. 股票和债券的发行主体相同　　B. 股票和债券的风险相同

C. 股票和债券的收益不同　　D. 股票和债券都可以质押

21. 下列关于股份有限公司的设立，不符合《公司法》规定的有（　　）。

A. 发起人可以用货币或实物出资

B. 发起人共有 10 人，其中 4 人在中国境内有住所

C. 某发起人以劳务出资，作价 30 万元

D. 作为出资的非货币财产应当评估作价

22. 下列关于以募集方式设立的股份有限公司股份募集的表述中，符合《公司法》规定的有（　　）。

A. 发起人向社会公开募集股份，必须报经国务院证券监督管理机构核准

B. 发起人向社会公开募集股份，必须公告招股说明书，并制作认股书

C. 发起人向社会公开募集股份，应当由依法设立的证券公司承销，签订承销协议

D. 发起人向社会公开募集股份，应当同银行签订代收股款协议

23. 甲公司是一家以募集方式设立的股份有限公司，其注册资本为人民币 6000 万元。董事会有 7 名成员。最大股东李某持有公司 12% 的股份。根据《公司法》的规定，下列各项中，属于甲公司应当在 2 个月内召开临时股东大会的情形有（　　）。

A. 监事陈某提议召开

B. 公司未弥补亏损达人民币 2100 万元

C. 董事人数减至 4 人

D. 最大股东李某请求召开

三、判断题

1. 劳务也可以作为股东的出资方式。 ( )
2. “云南省 518 文化传播有限责任公司”是一个合法的公司名称。 ( )
3. 董事会可以作出发行公司债券的决定。 ( )
4. 股票的风险比债券小。 ( )
5. 在我国的两类公司中，董事会和监事会都是必设机构。 ( )
6. 董事每届任期不得超过 3 年，且不得连选连任。 ( )
7. 股票发行价格可以按照票面金额，也可以高于或者低于票面金额。 ( )
8. 股份有限公司可以设立监事会，也可以不设立监事会。 ( )
9. 国有独资公司是特殊形式的有限责任公司，不设股东会。 ( )
10. 公司债券的转让价格由转让人和受让人约定。 ( )
11. 股东人数较少和规模较小的有限责任公司，依法可以不设立监事。 ( )
12. 按照《公司法》的规定，凡是有限责任公司都可以发行公司债券。 ( )
13. 一个自然人只能投资设立一个一人有限责任公司。 ( )
14. 公司发行债券的累计总额不得超过公司注册资本的 40%。 ( )
15. 股份是公司资本的单位成分，每一股份代表一定的金额。 ( )
16. 如果某股份有限公司的注册资本为人民币 9000 万元，那么，该公司的法定公积金累计达到 3000 万元时，可以不再提取法定公积金。 ( )
17. 无记名股票的转让，由股东在依法设立的证券交易场所将股票交付给受让人后即发生效力。 ( )
18. 一个自然人只能投资设立一个一人有限责任公司，但该一人有限责任公司可以投资设立新的一人有限责任公司。 ( )
19. 股份有限公司董事会的决议必须经出席会议的董事过半数通过。 ( )
20. 法定公积金和资本公积金均可用于弥补公司的亏损。 ( )
21. 股份有限公司的股东人数是 2 人以上 50 人以下。 ( )
22. 股份有限公司的全部资产不必分为等额股份。 ( )
23. 分公司有独立的法人资格，子公司没有独立的法人资格。 ( )
24. 董事会是公司最高权力机构。 ( )

四、不定项选择题

1. 赵、钱、孙、李共同出资设立一个生产鞋子的有限责任公司 A，注册资本 100 万元。赵某、钱某各以货币 25 万元出资；孙某以一台机器作价出资，经评估机构评估为 40 万元；

李某以劳务出资，经赵某、钱某、孙某同意作价 10 万元。公司成立两年后经营不善，已欠银行 80 万元贷款无法偿还。赵、钱、孙、李一致同意将 A 公司与 B 公司合并成立 C 公司。

请回答以下问题：

（1）关于赵某、钱某出资的说法错误的是（　　）。

A. 货币可以作为股东的出资方式

B. 赵某、钱某的出资方式合法

C. 货币不能作为股东的出资方式

D. 赵某、钱某的出资方式违法

（2）关于孙某出资的说法正确的是（　　）。

A. 孙某的出资方式合法

B. 实物不能作为股东的出资方式

C. 孙某以实物出资必须进行评估作价

D. 孙某以实物出资无需进行评估作价，经其他股东认可价值即可

（3）关于李某出资的说法正确的是（　　）。

A. 经其他股东一致同意，李某才能以劳务出资

B. 经其他股东过半数同意，李某就能以劳务出资

C. 经其他股东一致同意，李某也不能以劳务出资

D. 李某的出资方式不合法

（4）下列选项中可以作为股东出资方式的是（　　）。

A. 货币　　B. 专利权

C. 商标权　　D. 劳务

（5）下列说法正确的是（　　）。

A. 银行应向 A 公司要求赔偿贷款

B. 银行应向 B 公司要求赔偿贷款

C. 银行应向 C 公司要求赔偿贷款

D. 银行应向 A 公司和 B 公司要求赔偿贷款

2. 豪顺餐饮有限责任公司董事长秦某认为原来的公司章程已经不符合公司发展的需要，因此决定召开临时股东会议，修改公司章程。9 月 5 日，11 名股东收到了以秦某个人名义签发的会议通知书，并于 9 月 15 日参加了临时股东会。会上，秦某宣读了公司章程的修改草案，结果代表 3/5 股权的 9 名股东同意修改公司章程，代表 2/5 股权的 2 名股东表示反对。最后，会议主持人秦某宣布，按照少数服从多数的原则，通过公司章程修改方案。

请回答以下问题：

（1）本案中临时股东会程序违反《公司法》规定的是（　　）。

A. 董事长秦某个人决定召开临时股东会

B. 以秦某的个人名义签发会议通知书

C. 9 月 5 日通知股东，9 月 15 日就召开临时股东会

D. 以少数服从多数的原则通过公司章程修改方案

（2）该公司有权提议召开临时股东会的人员有（　　）。

A. 代表 1/10 以上表决权的股东

B. 代表 2/3 以上表决权的股东

C. 1/5 以上的董事

D. 监事会

（3）关于此次临时股东会召开时间，说法错误的是（　　）。

A. 9 月 5 日通知股东，9 月 10 日可以召开会议

B. 9 月 5 日通知股东，9 月 15 日可以召开会议

C. 9 月 5 日通知股东，9 月 18 日可以召开会议

D. 9 月 5 日通知股东，9 月 20 日可以召开会议

（4）下列说法正确的是（　　）。

A. 该决议须经全体股东一致同意方可通过

B. 该决议须经 2/3 以上股东同意方可通过

C. 该决议须经代表 1/2 以上表决权的股东同意方可通过

D. 该决议须经代表 2/3 以上表决权的股东同意方可通过

（5）下列说法错误的是（　　）。

A. 有限责任公司的首次股东会由全体股东共同召集和主持

B. 有限责任公司的首次股东会由出资最多的股东召集并主持

C. 有限责任公司的首次股东会由全体股东选举的股东召集并主持

D. 有限责任公司的首次股东会由董事会召集，董事长主持

3. 大同科技股份有限公司共有 30 名股东，某次召开股东大会时有 3 名股东未出席，他们持有公司 5% 的股份。会上讨论了有关公司合并的事宜和选举华某为合并后新公司董事长的事宜。最后就公司合并事宜进行表决时有 12 名股东表示同意，他们持有公司 65% 的股份；其余 15 名股东均表示反对，他们持有公司 30% 的股份。就选举华某为董事长事宜进行表决时有 11 名股东表示同意，他们持有公司 50% 的股份；其余 16 名股东均表示反对，他们持有公司 45% 的股份。

请回答以下问题：

（1）下列说法正确的是（　　）。

A. 该公司未出席会议股东的表决权应当计入有效表决权内

B. 该公司未出席会议股东的表决权不应计入有效表决权内

C. 该公司未出席会议股东的表决权可以减半计入有效表决权内

D. 该公司未出席会议股东的表决权按无效表决权处理，不予考虑

（2）下列说法错误的是（　　）。

A. 该公司股东每人拥有 1 个表决权，共 30 个表决权

B. 该公司股东应按持股比例行使表决权，一股一权

C. 该公司股东的每 1 个股份拥有 10 个表决权

D. 该公司股东的每 10 个股份拥有 1 个表决权

（3）关于该公司合并决议的说法正确的是（　　）。

A. 该决议经出席会议股东过半数通过即可

B. 该决议经出席会议股东 2/3 以上通过即可

C. 该决议须经出席会议股东所持表决权的 1/2 以上通过

D. 该决议须经出席会议股东所持表决权的 2/3 以上通过

（4）关于该公司选举董事长决议的说法错误的是（　　）。

A. 该决议经出席会议股东过半数通过即可

B. 该决议经出席会议股东所持表决权的 1/2 以上通过即可

C. 该决议经全体股东所持表决权的 2/3 以上通过即可

D. 该决议经出席会议股东所持表决权的 2/3 以上通过即可

（5）股份有限公司股东大会应当以特别决议通过的事项有（　　）。

A. 修改公司章程　　B. 变更公司形式

C. 公司解散　　D. 增加注册资本

4. 某股份有限公司现有资产 5000 万元，负债 500 万元。2013 年 6 月公司发行了一次 5 年期公司债券，总额为 1000 万元，年利率为 10%。为进一步扩大公司的生产流水线规模，2015 年 3 月公司董事会决定第二次向社会发行公司债券 800 万元，年利率仍为 10%。第一次发行的 1000 万元尚未偿还。

请回答以下问题：

（1）该公司的净资产为（　　）。

A. 4000 万元　　B. 4500 万元

C. 4750 万元　　D. 5000 万元

（2）下列说法错误的是（　　）。

A. 该公司不可以第二次发行债券，因为第一次发行的债券尚未偿还

B. 该公司可以第二次发行债券，且发行总额可为 800 万元

C. 该公司可以第二次发行债券，但发行总额不得超过 900 万元

D. 该公司可以第二次发行债券，但发行总额不得超过 1000 万元

（3）下列说法正确的是（　　）。

A. 公司的累计债券余额不得超过公司净资产额的 10%

B. 公司的累计债券余额不得超过公司净资产额的 20%

C. 公司的累计债券余额不得超过公司净资产额的 30%

D. 公司的累计债券余额不得超过公司净资产额的 40%

(4) 关于该公司第二次发行债券的决议说法，错误的是（　　）。

A. 该决议可以由公司董事会做出

B. 该决议应当由公司股东大会做出

C. 该决议须经出席会议股东所持表决权的 2/3 以上通过

D. 该决议须经出席会议股东所持表决权的 1/2 以上通过

(5) 下列选项中有权发行公司债券的主体是（　　）。

A. 股份有限公司　　B. 国有独资公司

C. 一人有限责任公司　　D. 上市公司

第九章 市场管理法

一、单项选择题

1. 在下列商品中不属于《产品质量法》所称的产品，不适用《产品质量法》的是（　　）。

A. 进口商品　　B. 首饰

C. 商品房　　D. 酒类食品

2. 经营者提供商品或服务有欺诈行为的，应当按照消费者的要求增加赔偿其受到的损失，增加赔偿的金额为消费者购买商品价款或接受服务的费用的（　　）；增加赔偿的金额不足500元的，为500元。

A. 1倍　　B. 2倍

C. 3倍　　D. 4倍

3. “售出商品概不退换”侵犯了消费者的（　　）。

A. 自主选择权　　B. 公平交易权

C. 知悉真情权　　D. 依法求偿权

4. 经营者销售或购买商品，可以用（　　）方式给对方折扣，也可以给中间人佣金。

A. 账外暗中　　B. 变相

C. 明示　　D. 任何双方商定的

5. 消费者有权拒绝经营者的强制交易行为，这是消费者的（　　）。

A. 知悉真情权　　B. 自主选择权

C. 公平交易权　　D. 获得赔偿权

6. （　　）是“国际消费者权益保护日”。

A. 2月14日　　B. 3月5日

C. 3月15日　　D. 3月25日

7. 承担产品质量责任的赔偿范围，一般不包括（　　）。

A. 人身伤害　　B. 精神损失

C. 财产损失　　D. 死者的抚恤金

8. 经营者常常以店堂告示等方式做出对消费者的（　　），是错误的。

A. 道歉　　B. 通知

C. 声明　　D. 不公平、不合理规定

9. 产品质量责任是指产品的生产者、销售者及其他有关主体，违反法律规定，（　　）法定的产品质量义务，所应依法承担的法律后果。

A. 不履行或者不完全履行　　B. 完成

C. 履行　　D. 执行

10. 不正当竞争是指经营者违反（　　）的规定，损害其他经营者的合法权益，扰乱社会经济秩序的行为。

A. 《产品质量法》　　B. 《反不正当竞争法》

C. 《消费者权益法》　　D. 《工商管理法》

11. 根据我国《反不正当竞争法》的规定，经营者以明示方式给对方单位或者个人折扣的行为属于（　　）。

A. 行贿行为　　B. 受贿行为

C. 给予折扣的正常经济行为　　D. 不正当竞争行为

12. 产品质量监督检查的社会监督主要体现为（　　）。

A. 善良经营者的要求　　B. 新闻媒介的反应

C. 司法机构的监督　　D. 用户和消费者的意见和要求

13. 负责全国产品质量监督管理工作的部门是（　　）。

A. 国务院质量监督管理部门　　B. 国家工商行政管理部门

C. 国务院法制局　　D. 全国产品质量检测中心

14. 我国对不正当竞争行为进行监督检查的主管部门是（　　）。

A. 国内贸易部　　B. 技术监督局

C. 工商行政管理局　　D. 物价局

15. 我国《反不正当竞争法》规定，抽奖式的有奖销售最高奖的金额不超过人民币（　　）元。

A. 3000　　B. 5000

C. 7000　　D. 10000

16. 根据《反垄断法》的规定，经营者滥用市场支配地位的，由反垄断执法机构责令停止违法行为，没收违法所得，并处一定数额的罚款。该罚款数额是（　　）。

A. 50 万元以下

B. 100 万元以下

C. 上 1 年度销售额的 1% 以上 10% 以下

D. 上 1 年度销售额的 2% 以上 20% 以下

17. 监督检查部门工作人员监督检查不正当竞争行为时，(　　)。

A. 可以出示检查证件　　B. 应当出示检查证件

C. 可以不出示检查证件　　D. 在某些场合应当出示检查证件

18. 经营者的不正当竞争行为给被侵害的经营者造成损失难以计算的，赔偿额为(　　)。

A. 侵权人在侵权期间所获得的利润

B. 侵权人在侵权期间因侵权所获得的利润

C. 受害人在被侵权期间所获得的利润

D. 侵权人在侵权期间因侵权所获得利润的一倍

19. 某百货公司销售电冰箱，在门口广告牌上写明：“凡在本商店购买冰箱者，给总价款2%的回扣，介绍推销者给付总价款1%的佣金。”被人发现举报到有关部门，经调查发现该商店给付的回扣、佣金，在账面上均有明确记载。该公司给付回扣的行为是（　　）。

A. 降价排挤行为　　B. 不正当竞争行为

C. 变相行贿行为　　D. 正当的促销交易行为

20. （　　）是指产品的生产者、销售者违反《产品质量法》的规定，不履行法律规定的义务应承担的法律后果。

A. 产品责任　　B. 侵权损害赔偿责任

C. 行政赔偿责任　　D. 产品质量责任

21. 国务院产品质量监督管理部门是指（　　）。

A. 国家经贸委　　B. 全国“打假”办公室

C. 国家技术监督局　　D. 国家工商行政管理局

22. 企业质量体系认证证书和产品质量认证证书由（　　）颁发。

A. 国家技术监督部门

B. 国家有关行业主管部门

C. 国家产品质量监督管理部门授权的部门

D. 认证机构

23. 《中华人民共和国消费者权益保护法》于（　　）颁布。

A. 1994年10月31日　　B. 1996年10月31日

C. 1997年10月31日　　D. 1993年10月31日

24. 《消费者权益保护法》体现的最核心原则为（　　）。

A. 经营者保护消费者的合法权益不受侵犯

B. 国家保护消费者的合法权益不受侵犯

C. 全社会保护消费者的合法权益不受侵犯

D. 消费者保护自身的合法权益不受侵犯

25. 小周在一家商店选购某电视机时觉得该电视机的款式、质量不合心意，打算离开时，被该产品的促销员拦住，称小周必须要买一台，否则不允许离开。促销员的行为侵犯了小周的（　　）。

A. 公平交易权　　B. 自主选择权

C. 受尊重权　　D. 知情了解权

26. 我国的《产品质量法》不适用于下列哪种产品？（　　）

A. 建筑工程　　B. 电视机

C. 电饭煲　　D. 化妆品

27. 某毛线厂生产的毛线经质量检测，属三等品，厂长为了促销、谋取不正当利润，在产品标识上将该批毛线标记为“一等品”出售。该厂的行为属产品质量法规定的（　　）行为。

A. 以不合格产品冒充合格产品　　B. 以假充真

C. 以次充好　　D. 掺杂掺假行为

28. 消费者享有的依法成立维护自身合法权益的社会团体的权利称为（　　）。

A. 知悉真情权　　B. 公平交易权

C. 获得知识权　　D. 依法结社权

29. 消费者索要购货凭证或服务单据时，经营者（　　）。

A. 必须出具　　B. 可以出具

C. 无须出具　　D. 可以让消费者改日来取

30. 消费者因商品缺陷造成人身损害、财产损害的（　　）。

A. 可以向销售者或生产者要求赔偿

B. 只能向生产者要求赔偿

C. 只能向销售者要求赔偿

D. 可以向销售者和生产者要求赔偿

31. 消费者有权自主决定购买或不购买任何一种商品，这是消费者的（　　）。

A. 公平交易权　　B. 自主选择权

C. 知悉真情权　　D. 获得知识权

32. 经营者应当保证其提供的商品或者服务符合保障人身、财产安全的要求。对（　　）的商品，应当向消费者做出真实的说明和明确的警示，并说明和标明正确使用商品的方法以及防止危害发生的方法。

A. 数量不足　　B. 可能危及人身、财产安全

C. 未经检验　　D. 不合理

33. 甲公司在纸手帕等纸制产品上注册了“茉莉花”文字及图形商标。根据《商标法》的规定，下列未经许可的行为中，不构成侵权的是（　　）。

A. 乙公司在其制造的纸手帕包装上突出使用“茉莉花”图形

B. 丙商场将假冒“茉莉花”牌纸手帕作为赠品进行促销活动

C. 丁公司长期制造茉莉花香型的纸手帕，并在包装上标注“茉莉花香型”

D. 戊公司购买甲公司的“茉莉花”纸手帕后，将“茉莉花”改为“山茶花”重新包装后销售

34. 消费者因经营者利用虚假广告提供商品或者服务，其合法权益受到损害的，可以向（　　）要求赔偿。

A. 广告经营者　　B. 广告制作人

C. 经营者　　D. 发布广告的媒体

二、多项选择题

1. 我国《反垄断法》规定的垄断行为包括（　　）。

A. 经营者达成垄断协议

B. 经营者滥用市场支配地位

C. 具有排除竞争效果的经营者集中

D. 可能具有排除竞争效果的经营者集中

2. 经营者的不正当竞争行为有（　　）。

A. 虚假宣传行为　　B. 搭售行为

C. 侵犯商业秘密的行为　　D. 商业贿赂行为

3. 消费者的主要权利有（　　）。

A. 保障安全权　　B. 监督批评权

C. 自主选择权　　D. 人格受尊重权

4. 下列说法错误的有（　　）。

A. 消费者在消费过程中享有自主选择权

B. 消费者索要购货凭证时，经营者无需出具

C. 经营者不得搜查消费者的身体

D. 经营者可以搜查消费者购买的物品

5. 网络购物中不适用7日内无理由退货的情形有（　　）。

A. 消费者订做的戒指　　B. 海鲜产品

C. 交付的报纸、期刊　　D. 消费者拆封的音像制品

6. 应由经营者承担瑕疵举证责任的商品包括（　　）。

A. 机动车　　B. 电视机

C. 图书　　D. 服装

7. 下列选项中不属于不正当有奖销售的有（　　）。

A. 某电器超市元旦促销，买一台价值2800元的冰箱送一个价值150元的电水壶

B. 某建材城采用故意让内定人员中奖的欺骗方式进行有奖销售

C. 某家具城举行抽奖式有奖销售，最高奖为价值4999元的对开门冰箱一台

D. 某商场利用有奖销售的手段推销质次价高的商品

8. 评价产品质量优劣可考虑的因素有（　　）。

A. 适用性　　B. 安全性

C. 可靠性　　D. 经济性

9. 下列选项中属于商业秘密构成要件的有（　　）。

A. 秘密性　　B. 利益性

C. 保密性　　D. 实用性

10. 下列产品中不能适用《产品质量法》的有（　　）。

A. 原矿　　B. 建设工程

C. 电视机　　D. 化妆品

三、判断题

1. 因产品存在缺陷造成人身、他人财产损害的，由生产者承担赔偿责任，销售者不承担赔偿责任。（　　）

2. 消费者因缺陷产品遭受人身损害的只能要求生产者赔偿。（　　）

3. 经营者不得搜查消费者的身体，但可以根据需要搜查消费者携带的物品。（　　）

4. 《消费者权益保护法》只适用于公民个人为生活消费需要而购买、使用商品的情况，而不适用于农民为生产需要而购买、使用的农业生产资料。（　　）

5. 经营者因为歇业而降价销售商品的行为不属于不正当竞争行为。（　　）

6. 经营者的合法权益受到不正当竞争行为损害的，可向人民法院起诉。（　　）

7. 消费者依法求偿权的含义仅限于消费者因为购买、使用商品受到人身、财产损害的，依法享有提出请求赔偿的权利。（　　）

8. 农民购买、使用直接用于农业的生产资料，参照《消费者权益保护法》执行。（　　）

9. 销售者应当执行进货检查、验收制度、验明产品合格证明和其他标识。（　　）

10. 以低于成本的价格销售商品的行为均应被认定为不正当竞争行为。（　　）

11. 有奖销售都是不正当竞争行为。（　　）

12. 擅自使用他人的企业名称或者姓名的行为，属于不正当竞争行为。（　　）

13. 甲公司在产品说明书上注明竞争对手乙公司的同类产品质量低劣，此行为构成不正当竞争。（　　）

14. 某商场以价值数万元的住房、轿车等作为奖品促进销售，属于正当的有奖销售。（　　）

15. 某化妆品广告称“八次使用彻底换个模样”是虚假广告，属于不正当竞争行为。（　　）

16. 某商场规定买一紧俏商品，必须同时购买另一种滞销商品，这属于不正当竞争行

为。（　　）

17. 某煤气公司在用户申请安装热水器时，要求用户必须购买其提供或指定的产品，这种做法不属于不正当竞争。（　　）

18. 经营者不得以盗窃、利诱、胁迫或者其他不正当手段获取权利人的商业秘密。（　　）

19. 经营者不得捏造、散布虚假事实，损害竞争对手的商业信誉和商品声誉。（　　）

20. 销售者不能指明缺陷产品的生产者也不能指明供货者的，销售者应当承担赔偿责任。（　　）

四、不定项选择题

1. 欧阳在家乐电器超市购买了一台华丰电器厂生产的品牌电热水器，超市负责送货上门并安装。在使用过程中该热水器漏电，将欧阳击伤。欧阳住院治疗花去医疗费近 3 万元。经鉴定，该热水器为质量不合格产品，欧阳准备向电器超市索赔。

请回答以下问题：

（1）下列说法错误的是（　　）。

A. 欧阳只能向家乐电器超市索赔

B. 欧阳只能向华丰电器厂索赔

C. 欧阳可以向家乐电器超市或华丰电器厂索赔

D. 由于欧阳和家乐电器超市有买卖合同法律关系，故向其索赔较方便

（2）下列关于家乐电器超市责任的说法正确的是（　　）。

A. 家乐电器超市不能拒绝赔偿

B. 家乐电器超市没有先行赔付的义务

C. 家乐电器超市可以拒绝赔偿

D. 家乐电器超市有先行赔付的义务

（3）欧阳可以主张赔偿的费用有（　　）。

A. 医疗费　　B. 护理费

C. 误工费　　D. 交通费

（4）欧阳可以通过下列（　　）途径解决纠纷。

A. 协商　　B. 调解

C. 仲裁　　D. 诉讼

（5）如果欧阳选择诉讼，则本案的诉讼时效为（　　）。

A. 4 年　　B. 2 年

C. 1 年　　D. 6 个月

2. 高乐乐大学毕业工作后领取了第一个月的工资。为了庆祝，高乐乐在网络购物平台

“乐淘淘”上注册了一个账号并购买了电饭煲一个、连衣裙一条、手机一部、水果一箱和图书一套。几天后高乐乐陆续收到了网购的商品。在此次网购后高乐乐的手机经常会收到“乐淘淘”和其他网络购物平台发送的商品推荐信息，高乐乐的生活受到严重干扰。

请回答以下问题：

（1）高乐乐此次网购的商品中可以退货的有（　　）。

A. 电饭煲　　B. 连衣裙

C. 手机　　D. 水果

（2）下列关于网购商品退货时间的说法错误的是（　　）。

A. 消费者有权自收到商品之日起 7 日内退货，且无需说明理由

B. 消费者有权自收到商品之日起 7 日内退货，但需要说明理由

C. 消费者有权自收到商品之日起 5 日内退货，且无需说明理由

D. 消费者有权自收到商品之日起 10 日内退货，但需要说明理由

（3）下列关于网购商品退货的说法正确的是（　　）。

A. 消费者退货应说明理由并要得到经营者的同意

B. 消费者退货的商品应当完好

C. 退回商品的运费一律由经营者承担

D. 退回商品的运费一律由消费者承担

（4）下列说法正确的是（　　）。

A. 经营者收集、使用消费者个人信息，应当遵循合法、正当、必要的原则

B. 经营者应当明示收集、使用信息的目的、方式和范围，但无需得到消费者同意

C. 经营者对消费者个人信息必须严格保密，不得向任何国家机关提供

D. 经营者应当采取技术措施确保信息安全，防止消费者个人信息泄露、丢失

（5）如果该手机在充电过程中爆炸，则下列说法错误的是（　　）。

A. 高乐乐只能要求手机的销售者赔偿

B. 高乐乐只能要求“乐淘淘”赔偿

C. “乐淘淘”不能提供手机销售者的真实名称、地址和有效联系方式，高乐乐也可以向“乐淘淘”要求赔偿

D. “乐淘淘”赔偿后，有权向手机的销售者追偿

第十章 合　同　法

一、单项选择题

1. 下列协议中适用《合同法》的是（　　）。

A. 甲与乙签订的遗赠抚养协议
B. 乙与丙签订的监护责任协议
C. 丙与丁签订的离婚协议
D. 丁与戊签订的企业承包协议

2. 甲与乙订有一货物买卖合同。甲如约向乙交付了货物，但乙尚未付款。乙与丙另有一借款协议，乙借给丙一笔款项，还款期限已到，乙先免除了丙的债务。由于乙一直未向甲支付货款，乙以无钱支付为由一直拖欠，此时，甲可以行使（　　），保护其债权利益。

A. 代位权
B. 撤销权
C. 抗辩权
D. 求偿权

3. 甲企业与乙企业订立一份购销合同，双方约定由甲企业向乙企业供应50吨生产原材料，总货款为60万元，货到付款，甲企业最迟于6月底发货。5月份，甲企业在报纸上得知乙企业逃避债务，私自转移财产，被法院依法查封并扣押财产的消息，为此，甲企业未向乙企业按时供货，甲企业的行为属于（　　）。

A. 行使后履行抗辩权
B. 行使不安抗辩权
C. 与乙企业解除合同关系
D. 甲企业已构成违约，应承担违约责任

4. 下列各项中，属于要约行为的是（　　）。

A. 向客户寄送价目表
B. 发布拍卖公告
C. 刊登悬赏广告
D. 发布招股说明书

5. 合同生效后，当事人就价款或报酬约定不明确的，按照（　　）的市场价格履行。

A. 订立合同时履行地
B. 履行合同时履行地
C. 订立合同时签订地
D. 履行合同时签订地

6. 合同生效后，履行地点不明确的，给付货币的，在（　　）。

A. 给付货币一方所在地履行
B. 接受货币一方所在地履行
C. 合同签订地
D. 双方当事人之外的第三地

7. 长沙市含光工厂因购买布料与上海市棉麻公司签订一份买卖合同，合同中未约定交货地与付款地，双方就此未达成补充协议，按照合同有关条款或者交易习惯也不能确定。根据合同法律制度的规定，下列关于交货地及付款地的表述中正确的有（ ）。

A. 长沙市为交货地　　B. 上海市为交货地

C. 长沙市为付款地　　D. 上海市为付款地

8. 根据《合同法》规定，给付定金的一方不履行合同的（ ）。

A. 如数返回定金　　B. 定金抵付货款

C. 部分返回定金　　D. 无权请求返回定金

9. 根据合同法的规定，承诺应当以（ ）方式做出。

A. 传真　　B. 电报

C. 邮寄　　D. 通知

10. 合同是两个或两个以上的民事主体（ ）一致的结果。

A. 口头协议　　B. 书面协议

C. 意思表示　　D. 交易行为

11. 下列合同中属于单务合同的是（ ）。

A. 甲和乙签订的汽车买卖合同

B. 丙公司与丁公司签订的厂房建设合同

C. 张三向李四借用笔记本电脑的合同

D. 王某与李某的房屋租赁合同

12. 合同法适用下列（ ）。

A. 监护协议　　B. 收养协议

C. 婚姻协议　　D. 运输协议

13. 受要约人同意要约的意思表示是（ ）。

A. 要约邀请　　B. 承诺

C. 反要约　　D. 要约

14. 合同的约束力主要体现在对（ ）的约束力。

A. 国家　　B. 第三人

C. 当事人　　D. 当事人和第三人

15. 某美术画刊上刊登了一幅中国山水画，作者为9岁学生黄某，对于稿酬，下列说法正确的是（ ）。

A. 他不能获得稿酬

B. 他可以获得稿酬

C. 他不能获得稿酬，但可以由他的父母获得

D. 经过他的父母的同意，他才可以获得稿酬

16. 甲乙在房屋租赁合同中约定“本合同自某年某月某日生效”，则该合同为（ ）

的合同。

A. 附生效条件　　B. 附生效期限

C. 附终止期限　　D. 附履行期限

17. 甲厂因工艺设计问题生产出一批不保温的热水瓶，为了将产品销售掉，该厂派人买了 20 个与此产品样式相同的热水瓶作为样品，使乙百货公司与之订货，该合同属于（　　）。

A. 违反国家法律的合同　　B. 采取胁迫手段签订的合同

C. 采取欺诈手段订立的合同　　D. 超越经营范围订立的合同

18. 无效合同是指（　　）。

A. 尚未生效的合同

B. 将要失去法律效力的合同

C. 始终没有法律效力的合同

D. 被法院或仲裁机构确认为无效时起不发生效力的合同

19. 行为人没有代理权、超越代理权或者代理权终止后以被代理人名义订立的合同，未经被代理人追认，对被代理人不发生效力，由（　　）承担责任。

A. 行为人　　B. 被代理人

C. 行为人与被代理人共同　　D. 第三人

20. 合同关系正常消灭的原因是（　　）。

A. 合同不成立　　B. 合同履行

C. 合同无效　　D. 合同解除

21. 买卖合同中未对履行期限做出规定，则履行期限（　　）。

A. 不存在，当事人可以在任何时间履行

B. 当事人必须即时履行，无须考虑其准备时间

C. 债务人可随时履行，债权人也可随时要求履行，但应当给对方必要的准备时间

D. 以上说法都不对

22. 甲与乙是好朋友。一日，甲对乙表示愿意以 300 元的价格将自己的一辆九成新的山地自行车卖给乙。乙不想要，就将这一消息告诉了丙。丙向甲表示愿意以 300 元买下该自行车。丙的行为属于（　　）。

A. 承诺　　B. 要约

C. 要约邀请　　D. 反要约

23. 甲的女儿患重病住院，急需用钱又求借无门，乙趁机表示愿意借给甲 1 万元但半年后须偿还本金及 40% 的利息即 14000 元，否则以甲的房子代偿，甲无奈之下只有同意乙的要求，双方签订了借款合同。甲、乙之间的借款合同（　　）。

A. 有效　　B. 无效

C. 可撤销　　D. 效力待定

24. 甲公司欠乙公司 100 万元货款，甲公司因经营不善最终被乙公司所兼并。甲公司欠乙公司的 100 万元货款因以下（　　）原因消灭。

A. 混同　　B. 免除

C. 抵销　　D. 提存

25. 定金的数额最高不得超过主合同标的额的（　　）。

A. 5%　　B. 10%

C. 15%　　D. 20%

26. 一名 6 岁的儿童与他人签订的买卖合同是（　　）。

A. 无效合同　　B. 有效合同

C. 效力待定合同　　D. 可撤销合同

27. 接受定金一方不履行合同的应当（　　）返还定金。

A. 1 倍　　B. 2 倍

C. 3 倍　　D. 4 倍

28. 当事人采用书面形式订立合同的，合同的成立时间为（　　）。

A. 要约人提出要约时

B. 双方当事人协商一致并达成协议时

C. 受要约人接受要约时

D. 双方当事人在合同书上签字盖章时

29. 因重大误解而订立的合同是（　　）。

A. 有效合同　　B. 无效合同

C. 效力待定合同　　D. 可撤销合同

30. 甲公司向乙公司购买 100 万元的建材，甲公司按合同约定的定金数额支付了 30 万元，后乙公司违约，法院判决违约方双倍返还定金，乙公司应当向甲公司支付的金额为（　　）。

A. 60 万元　　B. 50 万元

C. 40 万元　　D. 30 万元

二、多项选择题

1. 以当事人取得合同权利是否需要支付代价为标准，合同可分为（　　）。

A. 诺成合同　　B. 有偿合同

C. 实践合同　　D. 无偿合同

2. 下列选项中不适用《合同法》的有（　　）。

A. 买卖合同关系　　B. 赠与合同关系

C. 收养协议　　D. 政府的经济管理活动

3. 下列合同中《合同法》规定了具体名称的是（　　）。

A. 供用电合同
B. 承揽合同
C. 保险合同
D. 居间合同

4. 下列法律关系可以适用《合同法》的有（　　）。
A. 汽车买卖关系
B. 房屋租赁关系
C. 监护关系
D. 婚姻关系

5. 下列选项中属于合同法基本原则的是（　　）。
A. 平等原则
B. 等价有偿原则
C. 自愿原则
D. 不得损害社会公共利益原则

6. 下列选项中可以用于订立合同的有（　　）。
A. 电子邮件
B. 口头对话
C. 具体行为
D. 传真

7. 下列选项中可以订立合同的主体有（　　）。
A. 自然人
B. 法人
C. 其他组织
D. 法人的委托代理人

8. 下列选项中属于要约构成要件的有（　　）。
A. 内容具体
B. 内容确定
C. 向特定受要约人发出
D. 向不特定受要约人发出

9. 下列选项中属于无效合同的有（　　）。
A. 一方以欺诈、胁迫手段订立合同，并损害国家利益的
B. 恶意串通，损害集体利益的合同
C. 违反法律强制性规定的合同
D. 损害社会公共利益的合同

10. 下列合同中可撤销的有（　　）。
A. 存在重大误解的合同
B. 存在显失公平的合同
C. 存在乘人之危的合同
D. 以合法形式掩盖非法目的的合同

11. 下列合同中属于效力待定合同的有（　　）。
A. 限制行为能力人依法不能单独订立的合同
B. 无权代理人以被代理人名义订立的合同
C. 存在显失公平的合同
D. 无处分权人订立的处分他人财产的合同

12. 下列说法正确的有（　　）。
A. 合同对标的物质量要求不明确的，一律按通常标准履行
B. 合同的履行地点不明确的，一律在履行义务一方所在地履行

C. 合同的履行方式不明确的，按照有利于实现合同目的方式履行
D. 合同的履行费用负担不明确的，由履行义务一方负担

13. 下列选项中属于双务合同履行中的抗辩权的有（　　）。
A. 先诉抗辩权　　B. 后履行抗辩权
C. 同时履行抗辩权　　D. 不安抗辩权

14. 下列选项中可以用于合同担保的有（　　）。
A. 保证　　B. 抵押
C. 订金　　D. 定金

15. 下列财产中可以质押的有（　　）。
A. 不动产　　B. 动产
C. 存款单　　D. 支票

16. 下列财产中可以抵押的有（　　）。
A. 学校的教育设施　　B. 医院的医疗设备
C. 机动车　　D. 房屋

17. 除法律另有规定外，下列财产中不得用于抵押的有（　　）。
A. 某村民的宅基地
B. 某企业占用的使用权有争议的门面房
C. 某学校校长的专用配车
D. 某公司因诉讼被人民法院暂时监管的货物

18. 债权人可通过行使下列（　　）来保全自己的债权。
A. 留置权　　B. 代位权
C. 撤销权　　D. 质押权

19. 下列说法错误的有（　　）。
A. 合同的权利可以单独转让
B. 合同的义务不得单独转让
C. 转让合同权利必须经债务人书面同意
D. 转让合同义务必须经债权人书面同意

20. 当事人可以行使法定解除权解除合同的情形有（　　）。
A. 履行期届满前，一方当事人明确表示不履行债务的
B. 一方当事人遭遇不可抗力，以致不能按期履行义务的
C. 一方当事人延迟履行主要债务，经催告后在合理期限内仍不履行的
D. 一方当事人延迟履行债务，以致不能实现合同目的的

21. 守约方可要求违约方承担违约责任的形式有（　　）。
A. 继续履行　　B. 赔偿损失
C. 支付违约金　　D. 定金责任

三、判断题

1. 甲、乙两公司订立一药品合同。总货款为100万元，甲支付定金5万元，同时设定违约金为违约部分货款的5%。甲公司没有按约定履行合同，对甲公司可以同时适用定金和违约金罚款。（ ）

2. 给付定金一方不履行债务的无权要求返还定金。（ ）

3. 甲商场向乙啤酒厂订购一批听装啤酒。由于乙啤酒厂运输车辆紧张，在接受订单时将“供方送货”条款修改为“供方代办托运”。乙构成承诺。（ ）

4. A市实业发展总公司与B市房地产开发公司签订一份楼宇买卖合同。楼宇位于C市，合同没有规定履行地。则合同履行地为C市。（ ）

5. 甲公司与乙航空公司签订航空货运合同。甲公司将货物运到指定机构后，乙公司表示不能提供约定航班，甲公司解除合同，对此，乙公司有权以合同终止为由拒绝甲公司请求赔偿运费等损失的权利。（ ）

6. 定做人甲公司委托承揽人乙公司定做礼品笔记本，乙公司按约定完成制作工作，而甲公司无故延迟领受礼品笔记本。对此，乙公司可以将礼品笔记本提存于提存机关。（ ）

7. 甲公司欲购买一批商品，发出一份招标书。招标书仅说明需要购买商品的种类、数量及质量标准，但对商品的价格等未做说明，该招标书构成要约。（ ）

8. 因无效代理行为产生的无效合同，由委托人承担责任。（ ）

9. 当事人可以约定违约金。约定的违约金过分高于造成的损失的，当事人可以请求人民法院或仲裁机构予以适当减少。（ ）

10. 可撤销合同，具有撤销权的当事人如果自合同签订之日起1年内没有行使撤销权，撤销权消灭。（ ）

11. 受约人对要约的内容做出实质性变更的，要约失效。（ ）

12. 行为人没有代理权，或代理权终止后以被代理人的名义订立的合同，相对人有理由相信代理人有代理权的，该代理行为有效。（ ）

13. 造成对方人身伤害的合同免责条款一律无效。（ ）

14. 合同无效、被撤销或者终止的，合同中解决争议方法的条款也无效。（ ）

15. 合同的价款条款不明确的，按照订立合同时订立地的市场价格履行。（ ）

16. 应当先履行债务的当事人，有确切证据证明对方经营状况严重恶化的，可以中止履行合同。（ ）

17. 债权人不能拒绝债务人提前履行合同。（ ）

18. 债务人转移合同义务必须经债权人书面同意。（ ）

19. 行为人没有代理权而以被代理人的名义订立的合同是无效的。（ ）

20. 以合法形式掩盖非法目的的合同是效力待定的合同。（ ）

21. 留置可以适用于加工承揽合同。（　　）

22. 合同变更的效力仅对尚未履行的部分有效。（　　）

23. 预付款只是一种支付手段，不具有担保作用。（　　）

24. 定金与订金都具有担保的效力。（　　）

四、不定项选择题

1. 8 月 10 日，香香食品加工厂向天顺机械设备厂发出信函称：愿意以 3 万元的价格向贵厂购买一台食品加工机，若有货请于 9 月 5 日前发货。8 月 15 日，天顺机械设备厂向香香食品加工厂发传真回复：现有存货，但价格应为 4 万元。香香食品加工厂收到传真后认为价格不合适，未做任何回复，而是以 3.2 万元的价格向另一个机械设备厂购买了设备。9 月 2 日天顺机械设备厂将设备运至香香食品加工厂，香香食品加工厂拒绝收货，双方发生纠纷。

请回答以下问题：

（1）香香食品加工厂的信函属于订立合同的（　　）程序。

A. 要约　　B. 要约邀请

C. 新要约　　D. 承诺

（2）天顺机械设备厂的传真属于订立合同的（　　）程序。

A. 要约　　B. 要约邀请

C. 新要约　　D. 承诺

（3）下列说法错误的是（　　）。

A. 香香食品加工厂与天顺机械设备厂之间的合同已经成立

B. 香香食品加工厂与天顺机械设备厂之间的合同不成立

C. 香香食品加工厂与天顺机械设备厂之间的合同有效

D. 香香食品加工厂与天顺机械设备厂之间的合同无效

（4）订立合同的必备程序是（　　）。

A. 要约邀请　　B. 要约

C. 承诺　　D. 公证

（5）判断合同是否有效的要件包括（　　）。

A. 当事人在订立合同时必须具有相应的民事行为能力

B. 当事人在订立合同时意思表示必须真实

C. 合同必须合法

D. 合同的标的须确定和可能

2. 2014 年 4 月 15 日，某服装公司与某贸易公司签订了一份买卖合同，该合同约定：（1）服装公司向贸易公司购买一批布料，总价款 100 万元，违约金为总价款的 10%，即 10

万元；（2）贸易公司应在2014年6月30日前交付货物；（3）服装公司应在贸易公司交货后付清相应款项；（4）为确保服装公司履行付款义务，贸易公司要求服装公司支付定金10万元。

2014年6月20日，贸易公司向服装公司交付了布料，但服装公司一直未向贸易公司支付货款。2013年9月20日，服装公司分立为A公司和B公司。2013年7月8日，贸易公司向法院起诉A公司和B公司，要求A公司和B公司支付货款100万元及逾期利息和违约金10万元。

请回答以下问题：

（1）本案中的买卖合同是（　　）。

A. 无效合同　　B. 有效合同

C. 效力待定合同　　D. 可撤销合同

（2）本案中的定金效力是（　　）。

A. 有效　　B. 无效

C. 部分有效　　D. 部分无效

（3）若贸易公司违约，10万元定金该如何处理？（　　）

A. 无需返还给服装公司　　B. 原数返还给服装公司

C. 双倍返还给服装公司　　D. 三倍返还给服装公司

（4）若服装公司拒绝接受布料，则下列说法错误的是（　　）。

A. 可以要求贸易公司返还一半定金

B. 可以要求贸易公司原数返还定金

C. 可以要求贸易公司双倍返还定金

D. 不能要求公贸易司返还定金

（5）贸易公司可以起诉的公司是（　　）。

A. 服装公司和A公司　　B. 服装公司和B公司

C. A公司或B公司　　D. 服装公司

3. 收藏家丁某出国前将自己收藏的3幅名画交给其好友周某保管。周某因炒股亏损而欠下巨额债务，债主经常上门催债，有的债主还威胁周某再不还钱就要给他“放放血”。周某实在没有办法，就打算卖了丁某的画来还债。经人介绍，周某将这3幅画以300万元的价格卖给邓某，双方约定一周后履行。此时，因为丁某要在国外举办收藏展便回国取画。得知周某卖画的行为后丁某震怒，坚决不同意卖画。周某连忙下跪，求丁某原谅并帮助自己渡过难关。丁某见状，心一软就同意了，但要求交画的时间必须在收藏展举办完毕后。

请回答以下问题：

（1）下列说法错误的是（　　）。

A. 周某对名画的占有属于合法占有

B. 周某对名画的占有属于非法占有

C. 周某出售名画的行为属于无权代理

D. 周某出售名画的行为属于无权处分

（2）下列关于名画买卖合同的说法正确的是（　　）。

A. 属于有权代理人以被代理人名义订立的合同

B. 属于无权代理人以被代理人名义订立的合同

C. 属于有权处分人订立的处分他人财产的合同

D. 属于无权处分人订立的处分他人财产的合同

（3）名画买卖合同的最终效力是（　　）。

A. 无效　　B. 有效

C. 效力待定　　D. 可撤销

（4）下列说法错误的是（　　）。

A. 因为丁某一开始不同意周某卖画，所以名画应返还丁某

B. 因为丁某最后同意周某卖画，所以名画应归邓某所有

C. 若丁某在买卖合同履行完毕后才回国并且不同意周某卖画，则名画应归还丁某

D. 若丁某在买卖合同履行完毕后才回国并且不同意周某卖画，则名画也应归邓某所有

（5）下列关于无权处分人订立的处分他人财产的合同说法正确的是（　　）。

A. 该合同属于效力待定的合同

B. 该合同属于可撤销的合同

C. 如果财产所有权人对该合同表示同意则合同有效

D. 不论财产所有权人是否对该合同表示同意合同均有效

4. 建材经销商乙，因资金周转困难，便从甲处借了 100 万元并承诺半年后归还。乙用这 100 万元购买了一批建材销售给丙，约定价款为 115 万元。甲乙之债到期，甲要求乙还钱，乙以丙未付货款为借口称无力还钱。后甲了解到，乙丙之债早已到期，但乙一直未向丙主张 115 万元货款，导致自己的债权无法实现。甲欲行使代位权来保全自己的债权。

请回答以下问题：

（1）下列说法正确的是（　　）。

A. 甲可直接通知丙替乙偿债

B. 应由乙通知丙向甲偿债

C. 甲应与乙一起通知丙替乙偿债

D. 甲应采用诉讼方式要求丙替乙偿债

（2）若行使代位权，则原告是（　　）。

A. 乙　　B. 甲

C. 甲和乙
D. 甲或乙

（3）若行使代位权，则被告是（　　）。

A. 乙
B. 丙
C. 乙和丙
D. 乙或丙

（4）甲行使代位权的必要费用应由（　　）承担。

A. 丙
B. 甲
C. 乙
D. 乙和丙

（5）甲行使代位权的条件是（　　）。

A. 甲与乙的合同关系已经到期
B. 乙对第三人享有到期债权
C. 乙怠于行使其到期债权
D. 乙的行为已经损害了甲的债权

第十一章

会计、审计法律制度

一、单项选择题

1. 我国现行《会计法》是由（　　）制定的。

A. 全国人民代表大会　　B. 全国人民代表大会常务委员会

C. 国务院　　D. 财政部

2. 国务院制定的《企业财务会计报告条例》属于（　　）。

A. 会计基本法　　B. 会计行政法规

C. 会计部门规章　　D. 地方性会计法规

3. 下列各项中不属于部门规章的是（　　）。

A.《企业会计制度》　　B.《湖南省会计管理条例》

C.《会计基础工作规范》　　D.《代理记账管理办法》

4. 某外商投资企业，业务收支以美元为主，也有少量的人民币，根据《会计法》的规定，为方便会计核算，该单位应采用（　　）作为记账本位币。

A. 人民币　　B. 人民币或美元

C. 欧元　　D. 美元

5. 下列各项中，（　　）属于内部会计监督。

A. 财政机关的监督　　B. 税务机关的监督

C. 会计人员对于违法收支不予受理　　D. 审计机关的监督

6. 财务会计报告的编制依据，是经过审核的（　　）记录和有关资料。

A. 原始凭证　　B. 记账凭证

C. 会计科目　　D. 会计账簿

7. 颁发注册会计师证书的是（　　）。

A. 注册会计师协会　　B. 会计师事务所

C. 人民政府财政部门　　D. 国务院

8. 会计机构负责人、会计主管人员在调动工作或离职办理交接手续时，由（　　）

监交。

A. 单位负责人　　B. 上级主管单位领导人

C. 同级财政部门领导人　　D. 同级审计部门领导人

9. 会计人员应（　　）。

A. 由单位负责人任免　　B. 由单位会计机构负责人任免

C. 由主管部门任免　　D. 按照干部管理权限规定任免

10. 管理全国会计工作的国家机关是（　　）。

A. 国务院财政部门　　B. 国务院审计部门

C. 中国人民银行　　D. 国务院税收部门

11. 出纳人员可以兼任以下（　　）工作。

A. 稽核　　B. 银行日记账的登记

C. 会计档案的保管　　D. 收入、支出、费用账目的登记

12. 下列各项中，不属于不相容职务的是（　　）。

A. 出纳与记账　　B. 出纳与现金保管

C. 财务保管与记账　　D. 业务经办与财务保管

13. 会计法律制度中层次最高的法律规范是（　　）。

A.《中华人民共和国宪法》　　B.《会计法》

C.《企业会计准则》　　D.《会计基础工作规范》

14. 财政部颁发的《会计基础工作规范》属于（　　）。

A. 会计行政法规　　B. 会计规范性文件

C. 会计法律　　D. 会计条例

15. 我国的会计法律制度包括会计法律、会计行政法规、国家统一的会计制度和地方性会计法规，其中由国务院制定的是（　　）。

A. 会计法律　　B. 会计行政法规

C. 会计规章　　D. 会计法

16. 下列关于记账凭证填制的表述中，不正确的有（　　）。

A. 可以根据每一张原始凭证填制

B. 可以根据若干张同类原始凭证汇总填制

C. 可以将不同内容和类别的原始凭证汇总填制在一张记账凭证上

D. 可以根据原始凭证汇总表填制

17. 会计机构、会计人员对下列会计事项有权自行处理的是（　　）。

A. 核对账目时发现坏账　　B. 登记账目时发现遗漏

C. 财产清查时发现大额货币资金短缺　　D. 发现贪污、舞弊行为

18. 下列各项中属于会计内部监督的是（　　）。

A. 财政机关的监督　　B. 税务机关的监督

C. 单位稽核部门的监督　　D. 审计机关的监督

19.《会计法》规定，各单位应依据（　　）设置会计机构，或者在有关机构中设置会计人员并指定会计主管人员。

A. 单位营业收入　　B. 会计人员数量

C. 会计业务需要　　D. 单位的规模

二、多项选择题

1. 下列选项中属于我国会计法律制度的有（　　）。

A.《中华人民共和国会计法》　　B.《总会计师条例》

C.《企业会计准则》　　D.《企业财务会计报告条例》

2. 下列项目中，属于会计行政法规的有（　　）。

A.《企业财务会计报告条例》　　B.《企业会计制度》

C.《总会计师条例》　　D.《企业会计准则》

3. 国家统一的会计制度是指由国务院财政部门根据《会计法》制定的关于（　　）的制度。

A. 会计核算　　B. 会计监督

C. 会计机构和会计人员　　D. 会计工作管理

4. 下列机关可以制定地方性会计法规的有（　　）。

A. 广东省人民政府

B. 广东省人民代表大会或常务委员会

C. 深圳市人民代表大会及其常务委员会

D. 广州市人民代表大会及其常务委员会

5. 下列关于《会计法》的表述中，正确的有（　　）。

A.《会计法》是由全国人民代表大会及其常务委员会制定的

B.《会计法》是制定其他法规的依据

C.《会计法》是我国会计工作的根本性法律

D.《会计法》是调整经济活动中各种关系的法律

6. 根据《会计法》的规定，会计核算内容主要包括（　　）。

A. 款项和有价证券的收付　　B. 债权债务的发生和结算

C. 合同或者协议的签订　　D. 财务成果的计算和处理

7. 下列各项中，属于我国会计法律制度对会计核算统一规定的内容有（　　）。

A. 文本档案管理　　B. 会计信息质量要求

C. 会计资料的基本要求　　D. 编制财务报表

8. 下列关于记账本位币的说法正确的有（　　）。

A. 会计核算以人民币为记账本位币

B. 业务收支以外国货币为主的公司可选定某种外国货币为记账本位币

C. 业务收支以外国货币为主的公司编报会计报表可以不折算为人民币

D. 业务收支以外国货币为主的公司编报会计报表应当折算为人民币

9. 业务收支以人民币以外的货币为主的单位（　　）。

A. 必须使用人民币为记账本位币

B. 可以选定人民币以外的一种货币作为记账本位币

C. 其财务报告应当折算为人民币

D. 可以根据需要变动记账本位币

10. 下列行为中违反我国会计制度的有（　　）。

A. 未按照规定填制原始凭证　　B. 登记会计账簿不符合规定

C. 未按照规定取得原始凭证　　D. 未按照规定使用记账本位币

11. 审计机关的经济处罚权包括（　　）。

A. 警告　　B. 罚款

C. 没收违法所得　　D. 拘留

12. 审计的基本原则是（　　）。

A. 依法审计原则　　B. 独立审计原则

C. 客观公正原则　　D. 廉洁奉公原则

13. 根据《会计法》的规定，会计工作的国家监督除财政部门外，（　　）等部门应依照有关法律、行政法规的规定，对有关单位的会计资料实施监督检查。

A. 审计、税务　　B. 会计师事务所

C. 人民银行　　D. 证券监管、保险监管

14. 各单位是否设置会计机构，主要取决于（　　）。

A. 单位规模的大小　　B. 经济业务和财务收支的繁简

C. 经营管理的要求　　D. 上级部门的要求

三、判断题

1. 会计部门规章是根据《立法法》规定的程序，由财政部制定，并由部门首长签署命令予以公布的有关会计工作的制度办法。（　　）

2.《企业会计准则》由国务院制定并公布。（　　）

3. 只要是外商投资企业，均可以以人民币以外的货币为记账本位币，但其编制的财务会计报告应当折算为人民币。（　　）

4. 内部审计是本单位在会计机构内部设立审计机构，由审计人员对本单位的会计活动进行监督，内部审计机构及其工作人员是对本单位的行政领导人或者监督机构负责的。（　　）

5.《会计法》规定，各单位必须设置会计机构。（　　）

第十二章

金融、票据法律制度

一、单项选择题

1. 根据《票据法》的规定，汇票上可以记载非法定事项。下列各项中，属于非法定记载事项的是（　　）。

A. 出票人签章　　B. 出票地
C. 付款地　　D. 签发票据的用途

2. 存款人签发空头支票不以骗取财物为目的的，除了由中国人民银行处以罚款外，持票人有权要求出票人支付支票金额一定比例的赔偿金，该比例为（　　）。

A. 1%　　B. 2%
C. 5%　　D. 10%

3. 公司债券的发行主体主要是（　　）。

A. 国有公司　　B. 跨国公司
C. 上市公司　　D. 集团公司

4. 背书人甲将一张 100 万元的汇票分别背书转让给乙和丙各 50 万元，下列有关该背书效力的表述中，正确的是（　　）。

A. 背书无效
B. 背书转让给乙 50 万元有效，转让给丙 50 万元无效
C. 背书有效
D. 背书转让给乙 50 万元无效，转让给丙 50 万元有效

5. 根据《票据法》的规定，汇票出票人依法完成出票行为后即产生票据上的效力。下列表述中，正确的是（　　）。

A. 收款人在汇票金额的付款请求权不能满足时，仅享有对出票人的追索权
B. 付款人在出票人完成出票之日，即成为汇票上的主债务人
C. 汇票签发后，如付款人不予付款，出票人应当承担票据责任
D. 持票人变造汇款金额的，出票人不仅不对变造后汇票记载的内容承担责任，而且

也不对变造前汇票记载的内容承担责任

二、多项选择题

1. 一般来讲，金融的主要范围包括（　　）。

A. 货币的发行与回笼　　B. 存款的吸收与支取

C. 贷款的发放与回收　　D. 金银的买卖

2. 开户单位可以使用现金的情形有（　　）。

A. 职工工资

B. 根据国家规定颁发给个人的科学技术奖金

C. 个人劳务报酬

D. 结算起点 2000 元以下的零星支出

3. 银行账户一般分为（　　）。

A. 基本存款账户　　B. 一般存款账户

C. 临时存款账户　　D. 专用存款账户

4. 支票的基本当事人有（　　）。

A. 出票人　　B. 收款人

C. 付款人　　D. 承兑人

5. 下列说法正确的有（　　）。

A. 银行汇票的提示付款期自出票日起 1 个月

B. 商业汇票的提示付款期自汇票到期日起 10 日

C. 银行本票的提示付款期自出票日起最长不得超过 3 个月

D. 支票的提示付款期自出票日起 15 日

三、判断题

1. 我国没有专门的金融机构组织法。（　　）

四、不定项选择题

某培训机构欲购买 10 台计算机，经过比较于 2014 年 12 月 2 日与本市的某科技有限公司签订了买卖合同，总货款为 7 万元，履行期限为 2015 年 1 月 10 日。该培训机构于合同签订当日向科技公司签发了一张转账支票，金额栏空白。考虑到 1 个月后才履行合同，该培训机构在出票时另行记载付款日期为 2015 年 1 月 12 日。2014 年 12 月 6 日，科技公司将这张转账支票背书转让给了计算机厂商。12 月 8 日，计算机厂商补记了金额 5 万元，随后向该培训机构的开户银行提示付款。该银行以未到支票上记载的付款日期为由拒绝付款。

请回答以下问题：

（1）该支票的出票日期 2014 年 12 月 2 日，正确的中文大写是（　　）。

A. 贰零壹肆年零壹拾贰月零贰日　　B. 贰零壹肆年壹拾贰月零贰日

C. 贰零壹肆年壹拾贰月贰日　　D. 贰零壹肆年零壹拾贰月贰日

（2）支票的绝对记载事项有（　　）。

A. 确定的金额　　B. 收款人名称

C. 付款人名称　　D. 出票日期

（3）支票的提示付款期限为（　　）。

A. 自出票日起5 日　　B. 自出票日起10 日

C. 自出票日起1 个月　　D. 自出票日起3 个月

（4）支票可由出票人授权补记的事项是（　　）。

A. 支票的金额　　B. 收款人名称

C. 出票日期　　D. 出票人签章

（5）下列说法正确的是（　　）。

A. 培训机构签发的这张支票只能转账不能支取现金

B. 培训机构签发的这张支票既能转账也能支取现金

C. 培训机构签发的这张支票在补记金额之前不得背书转让

D. 培训机构签发的这张支票在补记金额之前可以提示付款

第十三章

财政税收法律制度

一、单项选择题

1. 我国现行增值税属于（　　）。

A. 生产型增值税　　B. 消费型增值税

C. 收入型增值税　　D. 混合型增值税

2. 下列项目中，属于应按增值税低税率计征增值税的是（　　）。

A. 纳税人提供的加工服务　　B. 油气田企业提供的生产性劳务

C. 纳税人进口货物　　D. 电子出版物

3. 我国增值税转型即由生产型增值税转为消费型增值税的时间是（　　）。

A. 2002 年 1 月 1 日　　B. 2008 年 1 月 1 日

C. 2009 年 1 月 1 日　　D. 2010 年 1 月 1 日

4.（　　）是国家为了实现其职能，凭借政治权力，依据法律规定的标准，强制地、无偿地征收一定货币或实物所发生的一种特殊分配活动。

A. 预算　　B. 财政

C. 税收　　D. 决算

5. 根据税法规定，下列说法不正确的是（　　）。

A. 凡是征收消费税的消费品都征收增值税

B. 凡是征收增值税的货物都征收消费税

C. 应税消费品征收增值税的，其税基含有消费税

D. 应税消费品征收消费税的，其税基不含有增值税

6. 根据企业所得税法的规定，下列是企业所得税纳人的是（　　）。

A. 个体工商户　　B. 个人独资企业

C. 合伙企业　　D. 非居民企业

二、多项选择题

1. 下列关于小规模纳税人的说法正确的有（　　）。

A. 小规模纳税企业的增值税征收率一律为3%
B. 小规模纳税企业销售商品价格通常为含税价
C. 小规模纳税企业销售商品价格通常为不含税价
D. 小规模纳税企业的增值税税率一律为3%

2. 下列选项中属于税法构成要素的有（　　）。
A. 纳税主体　　B. 课税对象
C. 纳税期限　　D. 税率

3. 我国的税种主要有（　　）。
A. 流转税　　B. 所得税
C. 财产税　　D. 关税

4. 企业所得税的纳税主体有（　　）。
A. 国有企业　　B. 集体企业
C. 合伙企业　　D. 个人独资企业

5. 下列各项业务，应同时征收增值税和消费税的有（　　）。
A. 地板厂销售自产实木地板　　B. 汽车厂销售自产电动汽车
C. 百货商场销售高档手表　　D. 进出口公司进口高尔夫球及球具

6. 消费税计税方式主要有（　　）。
A. 从价定率　　B. 从量定额
C. 从量从价复合计税　　D. 差额计税

7. 下列选项中属于行为税的有（　　）。
A. 印花税　　B. 契税
C. 车辆购置税　　D. 车船使用税

三、判断题

1. 纳税人只有相应的义务而没有权利。（　　）
2. 增值税一般纳税人购入货物时即使取得的是普通发票，进项税也能抵扣。（　　）
3. 企业每一纳税年度的收入总额，为应纳税所得额。（　　）
4. 在计算应纳税所得额时，违反税法规定被处的罚款不得扣除，但税收滞纳金可以扣除。（　　）

第十四章 仲裁法与经济司法制度

一、单项选择题

1. 我国仲裁实行（　　）的审判制度。

A. 一裁终局　　B. 两审终局

C. 最高法院决定　　D. 两裁终局

2. 根据仲裁法，申请仲裁的当事人，法定代理人（　　）进行仲裁活动。

A. 可以委托他人代理　　B. 不可以委托他人代理

C. 必须由本人　　D. 必须委托他人

3. 下列纠纷可以适用《仲裁法》解决的有（　　）。

A. 合同纠纷　　B. 继承纠纷

C. 劳动争议　　D. 行政争议

4. 仲裁委员会依法由（　　）。

A. 工商行政管理部门组建

B. 地方人民政府组建

C. 科学技术委员会组建

D. 人民政府组织有关部门和商会统一组建

5. 仲裁委员会收到仲裁申请书后决定受理的时间为（　　）。

A. 5 日内　　B. 7 日内

C. 10 日内　　D. 15 日内

6. 原告起诉，应向人民法院提交起诉状，并提交（　　）副本。

A. 5 份　　B. 3 份

C. 符合被告人数的　　D. 2 份

7. 下列不属于人民法院案件管辖方式的有（　　）。

A. 地域管辖　　B. 级别管辖

C. 专属管辖　　D. 特别管辖

8. 下列属于专属管辖的案件有（　　）。

A. 不动产纠纷　　B. 在本地区有重大影响的案件

C. 被告逃逸案件　　D. 合同纠纷

9. 下列（　　）不属于经济检察机关受理的案件。

A. 贪污案　　B. 假冒商标案

C. 经济纠纷案　　D. 偷税案

10. 仲裁法不适用的案件是（　　）。

A. 与身份有关的　　B. 合同纠纷

C. 财产权益纠纷　　D. 技术合同争议

11. 没有仲裁协议，一方向仲裁机关申请仲裁，另一方向人民法院起诉的，仲裁机关（　　）受理。

A. 可以　　B. 不可以

C. 必须　　D. 与法院协调可以

12. 甲、乙公司因租赁合同发生纠纷，双方在纠纷发生前签订了有效的仲裁协议。甲公司就该纠纷向人民法院提起诉讼，未声明有仲裁协议。法院受理后，开庭审理时，乙公司提出异议并提交仲裁协议，要求通过仲裁方式解决。对该案件的下列处理方式中，符合法律规定的是（　　）。

A. 仲裁协议有效，法院驳回甲公司的起诉

B. 仲裁协议无效，法院继续审理

C. 由甲、乙公司协商确定纠纷解决方式

D. 视为甲、乙双方已放弃仲裁协议，法院继续审理

13. 甲乙签订了加工承揽合同，但没有对合同履行地做出约定，现两人因合同履行地问题发生争议，法院应当确定履行地为（　　）。

A. 承揽加工方所在　　B. 委托承揽加工方所在地

C. 加工行为地　　D. 另行指定一个地点

14. 第二审人民法院对上诉案件经过审理，认为原判决适用法律错误的，（　　）。

A. 依法改判　　B. 发回重审

C. 指令下级人民法院再审　　D. 报上级人民法院审理

15. 下列（　　）可以进行仲裁。

A. 离婚纠纷　　B. 赡养纠纷

C. 买卖合同纠纷　　D. 劳动争议

16. 铁路、公路、水路货物运输和联合货物运输中发生的合同纠纷，由（　　）仲裁机构管辖。

A. 合同签订地　　B. 合同履行地

C. 运输始发地　　D. 仲裁协议选定地

17. 当事人提出证据证明裁决有法定可撤销裁决情形之一的，可以向（　　）中级人民法院申请撤销裁决。

A. 被诉人所在地　　B. 申请人所在地

C. 证据所在地　　D. 仲裁机构所在地

18. 仲裁庭评议案件，实行下列（　　）原则。

A. 民主集中制　　B. 首长负责制

C. 少数服从多数　　D. 合议制

19. 仲裁庭在做出裁决前，可以先行调解。当事人自愿调解的，仲裁庭应当调解，调解不成的应采取（　　）的做法。

A. 及时进行仲裁　　B. 说服当事人执行仲裁庭的调解协议

C. 重新调解　　D. 告知当事人向法院起诉

二、多项选择题

1. 根据《仲裁法》的规定，下列关于仲裁委员会的表述中，正确的有（　　）。

A. 仲裁委员会是司法机关　　B. 仲裁委员会不按行政区划层层设立

C. 仲裁委员会独立于行政机关　　D. 仲裁委员会之间没有隶属关系

2. 下列关于经济仲裁的说法正确的有（　　）。

A. 以双方自愿为前提　　B. 程序具有灵活性

C. 仲裁机构没有执行权　　D. 实行一裁终局，具有快捷性

3. 下列人员中可以担任仲裁员的有（　　）。

A. 甲，曾任审判员满 8 年　　B. 乙，从事律师工作满 10 年

C. 丙，从事仲裁工作满 5 年　　D. 丁，某大学法学院副教授

4. 下列纠纷中不可以由仲裁机构受理的有（　　）。

A. 买卖合同纠纷　　B. 监护关系纠纷

C. 继承关系纠纷　　D. 收养关系纠纷

5. 下列纠纷中可以提起民事诉讼的有（　　）。

A. 运输合同纠纷　　B. 物业管理合同纠纷

C. 继承关系纠纷　　D. 监护关系纠纷

6. 当事人申请仲裁应当符合的条件包括（　　）。

A. 有仲裁条款或仲裁协议　　B. 有具体的仲裁请求和事实、理由

C. 属于仲裁委员会的受理范围　　D. 在仲裁委员会有熟人

7. 民事诉讼的管辖包括（　　）。

A. 级别管辖　　B. 地域管辖

C. 移送管辖　　D. 专属管辖

8. 下列说法正确的有（　　）。

A. 仲裁裁决应当按照多数仲裁员的意见做出

B. 仲裁裁决应当按照首席仲裁员的意见做出

C. 仲裁庭不能形成多数意见时，裁决应当按照首席仲裁员的意见做出

D. 仲裁的调解书与裁决书具有同等的法律效力

9. 经济检察机关负责受理的案件有（　　）。

A. 贪污案　　B. 行贿案

C. 受贿案　　D. 偷税案

三、判断题

1. 仲裁一般以公开审理为原则。（　　）

2. 当事人采用仲裁方式解决纠纷，应当双方自愿，必须达成协议。（　　）

3. 仲裁委员会的民间性特点规定了其必须按行政区划层层设立。（　　）

4. 申请财产保全不是仲裁的必经程序。（　　）

5. 仲裁庭做出裁决时应当按照首席仲裁员的意见做出。（　　）

6. 当事人申请仲裁，必须按照级别管辖和地域管辖的规定选择仲裁委员会。（　　）

7. 地域管辖是指同级人民法院之间审理第一审经济纠纷案件的分工和权限。（　　）

8. 级别管辖是指同级人民法院之间审理第一审经济纠纷案件的分工和权限。（　　）

9. 起诉是公民、法人或其他组织认为自己或他人的经济利益受到侵犯，而以自己的名义，请求人民法院依法审判，给予法律保护的诉讼行为。（　　）

10. 调解未达成协议或者调解书送达前一方或双方反悔的，人民法院应及时仲裁。（　　）

11. 人民检察院对人民法院已经发生法律效力的判决、裁定，认为确有错误的，应当按照审判监督程序提出抗诉。（　　）

12. 经济检察机构，是党的纪律检查部门和政府的检察机构的重要组成部分。（　　）

13. 合同仲裁是经济审判的必须程序，非经仲裁机关仲裁的合同纠纷，当事人不能直接向人民法院起诉。（　　）

14. 仲裁委员会与行政机关没有隶属关系，但下级仲裁委员会应服从上级仲裁委员会。（　　）

15. 没有仲裁协议，一方申请仲裁的，仲裁委员会不予受理。（　　）

16. 一方当事人向人民法院起诉时未声明有仲裁协议的，人民法院受理后，另一方在人民法院作出判决之前提交仲裁的，人民法院应当驳回起诉，但仲裁协议无效的除外。（　　）

四、不定项选择题

2010 年 1 月，刘一笑购买了某小区的住宅一套，与物管公司签订了物业服务合同，约

定了双方的权利和义务。该合同约定双方发生纠纷时可向当地仲裁委员会申请仲裁。随后刘一笑缴纳了当年的物业服务费。由于该物管公司未认真履行合同义务，导致刘一笑家中财物被盗，所以刘一笑拒绝缴纳 2011 年的物业服务费并要求物管公司赔偿自己的财产损失。为此，双方发生纠纷，物管公司欲向当地仲裁委员会申请仲裁，而刘一笑欲向法院起诉。

请回答以下问题：

（1）如果刘一笑要起诉物管公司，那么对该纠纷有管辖权的法院是（　　）。

A. 刘一笑户籍所在地的中级人民法院

B. 物管公司住所地的基层人民法院

C. 物管公司住所地的高级人民法院

D. 最高人民法院

（2）如果刘一笑要起诉，那么起诉必须符合的条件是（　　）。

A. 刘一笑与本案有直接利害关系

B. 刘一笑有明确的被告

C. 刘一笑有具体的诉讼请求和事实、理由

D. 该纠纷属于人民法院受理民事诉讼的范围和受诉人民法院管辖

（3）下列说法错误的是（　　）。

A. 因为物业服务合同已经约定了仲裁，所以该纠纷只能申请仲裁

B. 因为物业服务合同已经约定了仲裁，所以应当先申请仲裁，对仲裁裁决不满意的再提起诉讼

C. 不论物业服务合同是否约定了仲裁，该纠纷都必须诉讼

D. 如果仲裁条款无效，则刘一笑可以向人民法院起诉

（4）如果刘一笑拒绝履行仲裁委员会的裁决，则下列说法正确的是（　　）。

A. 物管公司可以依照民事诉讼法的有关规定向人民法院申请执行

B. 受申请的人民法院可以执行

C. 受申请的人民法院应当执行

D. 物管公司可以直接向做出裁决的仲裁委员会申请执行

（5）下列关于仲裁过程中的调解，说法错误的是（　　）。

A. 仲裁庭在做出裁决前，可以先行调解

B. 当事人不愿调解的，仲裁庭也应当调解

C. 调解不成的，仲裁庭应当及时做出裁决

D. 调解不成的，仲裁庭应当告知当事人向人民法院起诉

附　录

参考答案

第一章　经济法基础概述参考答案

一、单项选择题

1. B

【解析】法是统治阶级国家意志的体现。

2. C

【解析】略

3. B

【解析】略

4. D

【解析】略

5. B

【解析】略

6. D

【解析】略

7. D

【解析】略

8. D

【解析】略

9. B

【解析】略

10. C

【解析】略

二、多项选择题

1. ABCD

【解析】选项 BC 属于法的本质；选项 AD 属于法的特征。

2. ABCD

【解析】略

3. BCD

【解析】略

4. ABC

【解析】略

5. ABCD

【解析】四个选项的表述都正确。

6. ABCD

【解析】略

7. ABC

【解析】略

8. AD

【解析】略

三、判断题

1. √

【解析】略

2. ×

【解析】略

3. ×

【解析】略

4. √

【解析】略

5. √

【解析】略

6. √

【解析】略

7. ×

【解析】略

8. ×

【解析】略

9. ×

【解析】略

10. √

【解析】略

11. √

【解析】略

12. ×

【解析】略

13. √

【解析】略

14. √

【解析】略

15. ×

【解析】略

第二章 经济法律关系参考答案

一、单项选择题

1. A

【解析】略

2. D

【解析】略

3. C

【解析】略

4. C

【解析】略

5. C

【解析】略

6. B

【解析】略

7. A

【解析】略

8. D

【解析】略

9. A

【解析】略

10. D

【解析】略

11. B

【解析】略

12. C

【解析】ABD 为法律行为。

13. B

【解析】经济法律关系主体是指经济法律关系的参与者或当事人。

14. C

【解析】法律事件是指不以当事人的主观意志为转移的，能够引起法律关系发生、变更和消灭的法定情况或者现象。

15. B

【解析】略

16. D

【解析】略

17. B

【解析】略

18. D

【解析】略

二、多项选择题

1. ABC

【解析】略

2. ABD

【解析】略

3. AC

【解析】略

4. ABCD

【解析】略

5. BCD

【解析】经济法律关系客体是经济权利和经济义务所共同指向的对象，包括物、经济行为和非物质财富。选项 B 是非物质财富中的智力成果，选项 C 是经济行为，选项 D 是物。

6. BC

【解析】阳光不具有经济价值，不属于物，房屋属于物，经济决策行为属于行为，自然人是主体不是客体。

7. ABCD

【解析】法律关系的内容包括法律关系主体所享有的权利和承担的义务，选项 AB 属于权力，选项 CD 属于义务。

8. ABC

【解析】略

9. BCD

【解析】略

10. AB

【解析】略

11. ABCD

【解析】法律实事包含法律事件和法律行为，选项 AB 属于法律事件，选项 CD 属于法律行为。

12. ABCD

【解析】略

三、判断题

1. √

【解析】略

2. ×

【解析】略

3. ×

【解析】略

4. √

【解析】略

5. √

【解析】略

6. ×

【解析】略

7. √

【解析】略

8. √

【解析】略

9. ×

【解析】略

10. √

【解析】略

11. ×

【解析】略

12. ×

【解析】略

13. ×

【解析】略

14. ×

【解析】略

15. ×

【解析】略

16. ×

【解析】略

17. ×

【解析】略

18. ×

【解析】略

19. √

【解析】略

20. ×

【解析】略

21. √

【解析】略

四、不定项选择题

1.（1）C

【解析】略

（2）B

【解析】略

（3）AD

【解析】略

（4）B

【解析】略

（5）BC

【解析】略

2.（1）CD

【解析】略

（2）AB

【解析】略

（3）ABC

【解析】略

（4）ABC

【解析】略

（5）BC

【解析】略

第三章　财产所有权概述参考答案

一、单项选择题

1. D

【解析】略

2. D

【解析】略

3. B

【解析】略

4. D

【解析】略

5. B

【解析】略

6. B

【解析】略

7. B

【解析】略

8. C

【解析】略

9. B

【解析】略

10. B

【解析】略

11. B

【解析】略

二、多项选择题

1. ABC

【解析】略

2. ABCD

【解析】略

3. ABCD

【解析】略

4. ABC

【解析】略

5. ABCD

【解析】略

6. ABC

【解析】略

7. ABD

【解析】略

8. ABCD

【解析】略

9. ABC

【解析】略

10. ABCD

【解析】略

三、判断题

1. √

【解析】略

2. ×

【解析】略

3. √

【解析】略

4. √

【解析】略

5. ×

【解析】略

6. √

【解析】略

7. √

【解析】略

8. √

【解析】略

9. ×

【解析】略

10. ×

【解析】略

11. ×

【解析】略

12. √

【解析】略

13. ×

【解析】略

14. √

【解析】略

15. √

【解析】略

16. √

【解析】略

17. ×

【解析】略

四、不定项选择题

（1）AD

【解析】略

（2）ABC

【解析】略

（3）ACD

【解析】略

（4）BD

【解析】略

（5）ABC

【解析】略

第四章 劳动法参考答案

一、单项选择题

1. A

【解析】略

2. C

【解析】略

3. C

【解析】略

4. B

【解析】略

5. B

【解析】用人单位自用工之日起即与劳动者建立劳动关系。劳动者与用人单位建立劳动关系的时间不是订立合同之日，也不是试用期满之日，更非发工资之日，而是用工之日。

6. B

【解析】略

7. B

【解析】略

8. A

【解析】略

9. C

【解析】略

10. B

【解析】略

11. C

【解析】略

12. D

【解析】略

13. B

【解析】略

14. A

【解析】略

15. A

【解析】略

16. A

【解析】略

17. D

【解析】略

18. A

【解析】略

19. D

【解析】略

20. B

【解析】略

21. C

【解析】略

22. C

【解析】略

二、多项选择题

1. ABC

【解析】略

2. ABD

【解析】略

3. ABCD

【解析】略

4. CD

【解析】用人单位自用工之日起超过 1 个月不满 1 年未与劳动者订立书面劳动合同的，应当向劳动者每月支付 2 倍的工资，并与劳动者补订书面劳动合同；劳动者不与用人单位订立书面劳动合同的，用人单位应当书面通知劳动者终止劳动关系，并支付经济补偿。公司 8 ~ 12 月向张小天支付了工资，应再向其支付 9 ~ 12 月的 1 倍工资补偿。若张小天不肯与公司签订劳动合同，公司应书面通知张小天终止劳动关系，并按照劳动合同法的规定，支付相应的经济补偿。

5. ABD

【解析】略

6. CD

【解析】略

7. AB

【解析】略

8. AB

【解析】选项 CD 属于劳动者不需事先告知用人单位即可解除劳动合同的情形。

9. ACD

【解析】选项 B 属于用人单位既不得解除劳动合同，也不得终止劳动合同的情形。

10. ABCD

【解析】略

11. ABCD

【解析】略

12. ABCD

【解析】四个选项均属于劳动争议的范围，所以均可以申请劳动仲裁。

13. ABCD

【解析】四个选项均符合职工基本养老保险的规定。

三、判断题

1. √

【解析】略

2. ×

【解析】略

3. ×

【解析】略

4. √

【解析】略

5. ×

【解析】略

6. √

【解析】略

7. √

【解析】略

8. ×

【解析】略

9. √

【解析】略

10. √

【解析】略

11. ×

【解析】略

12. √

【解析】略

13. ×

【解析】略

14. √

【解析】略

15. ×

【解析】略

16. √

【解析】略

17. ×

【解析】略

18. ×

【解析】略

19. ×

【解析】略

20. √

【解析】略

21. √

【解析】略

四、不定项选择题

（1）CD

【解析】略

（2）ABCD

【解析】略

（3）ACD

【解析】略

(4) B

【解析】略

(5) ACD

【解析】略

第五章 内资企业法律制度参考答案

一、单项选择题

1. A

【解析】略

2. B

【解析】略

3. C

【解析】略

4. D

【解析】略

5. B

【解析】略

6. A

【解析】略

7. B

【解析】略

8. C

【解析】略

9. D

【解析】略

10. C

【解析】略

11. A

【解析】略

12. D

【解析】个人独资企业的投资人必须是一个人，而且只能是中国公民。法律、行政法规规定禁止从事营业利活动的人，不得作为个人独资企业投资人。如公务员、党政机关领导、警官、法官、检察官、商业银行工作人员等，不得投资设立个人独资企业。

13. C

【解析】略

14. A

【解析】按照合伙协议的约定或者经全体合伙人决定，可以委托一个或者数个合伙人对外代表合伙企业，执行合伙事务，其他合伙人不再执行合伙事务、对外不代表合伙企业。除合伙协议另有约定外，改变该合伙企业的主要经营场所的地点及处分合伙企业的不动产，应当经全体合伙人一致同意，刘洋不得自行决定或者处分。

15. C

【解析】合伙人发生与合伙企业无关的债务，相关债权人不得以其债权抵销其对合伙企业的债务；也不得代位行使合伙人在合伙企业中的权利。合伙人的自有财产不足以清偿其与合伙企业无关的债务的，该合伙人可以以其从合伙企业中分取的收益用于清偿；债权人也可以依法请求人民法院强制执行该合伙人在合伙企业中的财产份额用于清偿。

16. D

【解析】大为公司作为第三人有理由相信有限合伙人为普通合伙人并与其交易的，该有限合伙人小王对该笔交易承担与普通合伙人同样的责任。

17. C

【解析】略

18. B

【解析】略

二、多项选择题

1. ABC

【解析】略

2. BC

【解析】略

3. ABCD

【解析】略

4. ABC

【解析】普通合伙人和有限合伙人都可以用货币、实物、知识产权、土地使用权或者其他财产权利出资，普通合伙人也可以用劳务出资，但有限合伙人不得以劳务出资。

5. AB

【解析】略

6. AB

【解析】略

7. AC

【解析】略

8. AB

【解析】个人独资企业的名称应当与其责任形式及营业范围相符合。可以使用“厂”“店”“部”“中心”“工作室”等，但不得使用“有限”“有限责任”和“公司”字样。

9. BC

【解析】略

10. ABCD

【解析】合伙人可以以货币、实物、知识产权、土地所有权或者其他财产权利出资，也可以以劳务出资。而著作权和工业产权合称为知识产权。

11. ABC

【解析】经营管理人员属于非合伙人，无需对合伙企业债务承担无限连带责任。

12. B

【解析】投资人自行清算的，应当在清算前15日内书面通知债权人，无法通知的，应当予以公告。债权人应当在接到通知之日起30日内，未接到通知的应当在公告之日起60日内，向投资人申报其债权。该题中张三作为投资人决定解散企业，进行的是自行清算并在规定时间向甲债权人发出通知，而甲收到该通知，因此甲债权人应在接到通知之日起30日内，向投资人张三申报其债权。

三、判断题

1. √

【解析】略

2. ×

【解析】企业的终止主要指解散和破产。

3. ×

【解析】略

4. ×

【解析】略

5. √

【解析】略

6. ×

【解析】略

7. ×

【解析】略

8. ×

【解析】略

9. √

【解析】略

10. ×

【解析】略

11. ×

【解析】略

12. √

【解析】略

13. √

【解析】略

14. ×

【解析】略

15. √

【解析】略

16. ×

【解析】略

17. √

【解析】略

四、不定项选择题

（1）ABCD

【解析】略

（2）ABD

【解析】略

（3）A

【解析】略

（4）ACD

【解析】略

（5）ABCD

【解析】略

第六章 外资投资企业法参考答案

一、单项选择题

1. A

【解析】略

2. D

【解析】略

3. D

【解析】略

4. A

【解析】略

5. A

【解析】略

6. C

【解析】略

7. D

【解析】略

8. A

【解析】略

9. B

【解析】略

10. B

【解析】略

11. A

【解析】略

12. B

【解析】略

二、多项选择题

1. BCD

【解析】略

2. ABD

【解析】略

3. ABC

【解析】略

4. BCD

【解析】略

5. AC

【解析】略

6. AD

【解析】略

7. ABCD

【解析】略

8. BC

【解析】略

9. ABC

【解析】略

三、判断题

1. √

【解析】略

2. √

【解析】略

3. √

【解析】略

4. √

【解析】略

5. √

【解析】略

6. √

【解析】略

7. √

【解析】略

8. ×

【解析】略

9. ×

【解析】略

10. √

【解析】略

11. ×

【解析】略

12. √

【解析】略

13. √

【解析】略

第七章　企业破产法参考答案

一、单项选择题

1. C

【解析】略

2. C

【解析】略

3. D

【解析】略

4. B

【解析】略

5. A

【解析】略

6. A

【解析】略

7. B

【解析】略

8. A

【解析】略

9. D

【解析】略

二、多项选择题

1. BC

【解析】略

2. BC

【解析】略

3. AB

【解析】略

4. ABCD

【解析】略

5. AD

【解析】略

三、判断题

1. √

【解析】略

2. ×

【解析】略

3. ×

【解析】略

4. √

【解析】略

5. √

【解析】略

6. √

【解析】略

7. √

【解析】略

8. ×

【解析】略

9. ×

【解析】略

10. ×

【解析】略

11. √

【解析】略

12. ×

【解析】略

13. ×

【解析】略

14. √

【解析】略

15. √

【解析】略

16. ×

【解析】略

四、不定项选择题

（1） A

【解析】略

（2） C

【解析】略

（3） ABD

【解析】略

（4） ABC

【解析】略

（5） ACD

【解析】略

第八章　公司法参考答案

一、单项选择题

1. B

【解析】略

2. D

【解析】略

3. B

【解析】略

4. B

【解析】略

5. A

【解析】略

6. C

【解析】略

7. C

【解析】略

8. B

【解析】略

9. B

【解析】略

10. B

【解析】略

11. A

【解析】略

12. B

【解析】略

13. D

【解析】略

14. C

【解析】略

15. C

【解析】略

16. B

【解析】略

17. B

【解析】略

18. B

【解析】略

19. C

【解析】略

20. C

【解析】略

21. B

【解析】略

22. D

【解析】略

23. C

【解析】略

24. D

【解析】公司同次发行股票的价格必须相同，A 选项错误。发生的股票面额未规定为 1 元，B 选项错误。公司发行股票可以为记名股票，也可为不记名股票，选项 C 错误。

25. B

【解析】略

26. C

【解析】略

27. A

【解析】略

28. D

【解析】有限责任公司可以不设董事会，设1名执行董事；可以不设监事会，设1～2名监事；董事、高级管理人员不得兼任监事，故题中D选项错误。

29. B

【解析】A选项中，监事会成员中的公司职工代表由公司职工通过职工代表大会、职工大会或者其他形式民主选举产生；C选项中，董事、高级管理人员不得兼任监事；D选项中，监事会成员任期3年，连选可以连任。

二、多项选择题

1. AC

【解析】略

2. BD

【解析】略

3. BD

【解析】略

4. ABC

【解析】公司章程对公司、股东、董事、监事、高级管理人员具有约束力。高级管理人员是指公司的经理、副经理、财务负责人、上市公司董事会秘书和公司章程规定的其他人员。

5. ABD

【解析】股东会会议作出修改公司章程、增加或者减少注册资本的决议以及公司合并、分立、解散或者变更公司形式的决议，必须经代表2/3以上表决权的股东通过。

6. ABC

【解析】略

7. CD

【解析】略

8. ABC

【解析】略

9. BCD

【解析】略

10. CD

【解析】略

11. CD

【解析】略

12. ABD

【解析】略

13. BD

【解析】略

14. ABCD

【解析】略

15. BC

【解析】略

16. ABD

【解析】略

17. ABCD

【解析】略

18. ABC

【解析】根据《会计法》和《企业财务会计报告条例》的规定，下列各项中，属于财务会计报告组成部分的有会计报表、会计报表附注、财务情况说明书。

19. ABCD

【解析】略

20. AB

【解析】略

21. BC

【解析】设立股份有限公司，应当有 2 人以上 200 人以下为发起人，其中须有半数以上的发起人在中国境内有住所，所以 B 不对。对于股份有限公司，劳务不能作为出资，选项 C 不符合规定。

22. ABCD

【解析】以募集方式设立股份有限公司公开发行股票的，应当向公司登记机关报送国务院证券监督管理机构的核准文件；发起人向社会公开募集股份的，必须公告招股说明书，并制作认股书；发起人应当与依法设立的证券公司签订承销协议，委托证券公司承销；发起人应当同银行签订代收股款协议。

23. BCD

【解析】略

三、判断题

1. ×

【解析】略

2. ×

【解析】略

3. ×

【解析】略

4. ×

【解析】略

5. ×

【解析】略

6. ×

【解析】略

7. ×

【解析】略

8. ×

【解析】略

9. √

【解析】略

10. √

【解析】略

11. ×

【解析】略

12. ×

【解析】略

13. √

【解析】略

14. ×

【解析】略

15. √

【解析】略

16. ×

【解析】略

17. √

【解析】略

18. ×

【解析】略

19. ×

【解析】略

20. ×

【解析】略

21. ×

【解析】略

22. ×

【解析】略

23. ×

【解析】略

24. ×

【解析】略

四、不定项选择题

1.（1）CD

【解析】略

（2）AC

【解析】略

（3）CD

【解析】略

（4）ABC

【解析】略

（5）C

【解析】略

2.（1）ABCD

【解析】略

（2）AD

【解析】略

（3）ABC

【解析】略

（4）D

【解析】略

（5）ACD

【解析】略

3.（1）BD

【解析】略

（2）ACD

【解析】略

（3）D

【解析】略

（4）ACD

【解析】略

（5）ABCD

【解析】略

4.（1）B

【解析】略

（2）ACD

【解析】略

（3）D

【解析】略

（4）AC

【解析】略

（5）ABD

【解析】略

第九章　市场管理法参考答案

一、单项选择题

1. C

【解析】略

2. C

【解析】略

3. B

【解析】略

4. C

【解析】略

5. C

【解析】略

6. C

【解析】略

7. B

【解析】略

8. D

【解析】略

9. A

【解析】略

10. B

【解析】略

11. C

【解析】略

12. B

【解析】略

13. A

【解析】略

14. C

【解析】略

15. B

【解析】略

16. C

【解析】略

17. B

【解析】略

18. B

【解析】略

19. D

【解析】略

20. D

【解析】略

21. D

【解析】略

22. C

【解析】略

23. D

【解析】略

24. B

【解析】在国家对消费者权益的保护方面，应遵循保护消费者的合法权益不受侵害原则、尊重和保障人权原则。这是《消费者权益保护法》体现的最核心原则。

25. B

【解析】《消费者权益保护法》第9条规定："消费者有自主选择商品或者服务的权利。消费者有权自主选择提供商品或者服务的经营者，自主选择商品品种或者服务方式，自主决定购买或者不购买任何一种商品、接受或者不接受任何一项服务。消费者在自主选择商品或者服务时，有权进行比较、鉴别和挑选。"可见，选项B为正确答案。选项A、C、D虽是法定的消费者的权利，但不符合题意，不选。

26. A

【解析】略

27. C

【解析】略

28. D

【解析】略

29. A

【解析】略

30. A

【解析】略

31. B

【解析】略

32. B

【解析】略

33. C

【解析】选项A：未经商标注册人的许可，在同一种商品或者类似商品上使用与其注册商标相同或者近似的商标的，构成侵权行为；选项B：销售侵犯注册商标专用权的商品的，构成侵权行为；选项D：未经商标注册人同意，更换其注册商标并将该更换商标的商品又投入市场的，构成侵权行为。

34. C

【解析】略

二、多项选择题

1. ABCD

【解析】略

2. ABCD

【解析】略

3. ABCD

【解析】略

4. BD

【解析】略

5. ABCD

【解析】略

6. AB

【解析】略

7. AC

【解析】略

8. ABCD

【解析】略

9. ABCD

【解析】略

10. AB

【解析】略

三、判断题

1. ×

【解析】略

2. ×

【解析】略

3. ×

【解析】略

4. ×

【解析】略

5. √

【解析】略

6. √

【解析】略

7. ×

【解析】略

8. √

【解析】略

9. √

【解析】略

10. ×

【解析】略

11. ×

【解析】略

12. √

【解析】略

13. √

【解析】略

14. ×

【解析】略

15. √

【解析】略

16. √

【解析】略

17. ×

【解析】略

18. √

【解析】略

19. √

【解析】略

20. √

【解析】略

四、不定项选择题

1. （1）AB

【解析】略

（2）AD

【解析】略

（3）ABCD

【解析】略

（4）ABCD

【解析】略

（5）B

【解析】略

2. （1）ABC

【解析】略

（2）BCD

【解析】略

（3）B

【解析】略

（4）AD

【解析】略

（5）AB

【解析】略

第十章 合同法参考答案

一、单项选择题

1. D

【解析】《合同法》第二条：本法所称合同是平等主体的自然人、法人、其他组织之间设立、变更、终止民事权利义务关系的协议。婚姻、收养、监护等有关身份关系的协议，适用其他法律的规定。

2. B

【解析】略

3. B

【解析】略

4. C

【解析】略

5. A

【解析】略

6. B

【解析】略

7. BD

【解析】履行地点不明确，给付货币的，在接受货币一方所在地履行；交付不动产的，在不动产所在地履行；其他标的，在履行义务一方所在地履行。

8. D

【解析】略

9. D

【解析】略

10. C

【解析】略

11. C

【解析】略

12. D

【解析】略

13. B

【解析】略

14. C

【解析】略

15. B

【解析】略

16. B

【解析】略

17. C

【解析】略

18. C

【解析】略

19. A

【解析】略

20. B

【解析】略

21. C

【解析】略

22. B

【解析】略

23. C

【解析】略

24. A

【解析】略

25. D

【解析】略

26. A

【解析】略

27. B

【解析】略

28. D

【解析】略

29. D

【解析】略

30. C

【解析】收受定金的一方不履行约定的债务的，应当双倍返还定金。定金的数额由当事人约定，但不得超过主合同标的额的20%。

二、多项选择题

1. BD

【解析】略

2. CD

【解析】略

3. ABD

【解析】略

4. AB

【解析】略

5. ACD

【解析】略

6. ABCD

【解析】略

7. ABCD

【解析】略

8. ABC

【解析】略

9. ABCD

【解析】略

10. ABC

【解析】略

11. ABD

【解析】略

12. CD

【解析】略

13. BCD

【解析】略

14. ABD

【解析】略

15. BCD

【解析】略

16. CD

【解析】略

17. ABCD

【解析】不得抵押的财产包括：（1）土地所有权；（2）耕地、宅基地、自留地、自留山等集体所有的土地使用权（法律另有规定的除外）；（3）学校、幼儿园、医院等以公益为目的的事业单位、社会团体的教育设施、医疗卫生设施和其他社会公益设施；（4）所有权、使用权不明或者有争议的财产；（5）依法被查封、扣押、监管的财产；（6）依法不得抵押的其他财产。

18. BC

【解析】略

19. BC

【解析】略

20. ACD

【解析】略

21. ABCD

【解析】略

三、判断题

1. ×

【解析】略

2. √

【解析】略

3. ×

【解析】略

4. √

【解析】略

5. ×

【解析】略

6. √

【解析】略

7. ×

【解析】略

8. ×

【解析】略

9. √

【解析】略

10. ×

【解析】略

11. √

【解析】略

12. √

【解析】略

13. √

【解析】略

14. ×

【解析】略

15. ×

【解析】略

16. √

【解析】略

17. ×

【解析】略

18. √

【解析】略

19. ×

【解析】略

20. ×

【解析】略

21. √

【解析】略

22. √

【解析】略

23. √

【解析】略

24. ×

【解析】略

四、不定项选择题

1. (1) A

【解析】略

(2) C

【解析】略

(3) AC

【解析】略

(4) BC

【解析】略

(5) ABCD

【解析】略

2. (1) B

【解析】略

(2) A

【解析】略

(3) C

【解析】略

(4) ABC

【解析】略

(5) C

【解析】略

3. (1) BC

【解析】略

(2) D

【解析】略

(3) B

【解析】略

(4) AC

【解析】略

(5) AC

【解析】略

4. (1) D

【解析】略

（2）B

【解析】略

（3）B

【解析】略

（4）C

【解析】略

（5）ABCD

【解析】略

第十一章　会计、审计法律制度参考答案

一、单项选择题

1. B

【解析】全国人民代表大会或者全国人民代表大会常务委员会制定法律，《会计法》是由全国人民代表大会常务委员会制定的。国务院制定会计行政法规，财政部制定会计规章。

2. B

【解析】国务院制定的《企业财务会计报告条例》属于会计行政法规。

3. B

【解析】《湖南省会计管理条例》属于地方性会计法规。

4. D

【解析】《会计法》第十二条规定："会计核算以人民币为记账本位币。业务收支以人民币以外的货币为主的单位，可以选定其中一种货币作为记账本位币，但是编报的财务会计报告应当折算为人民币。"

5. C

【解析】ABD 均属于政府监督。

6. D

【解析】财务会计报告的编制依据，是经过审核的会计账薄记录和有关资料。

7. C

【解析】略

8. A

【解析】略

9. D

【解析】略

10. A

【解析】略

11. B

【解析】略

12. B

【解析】记账人员与经济业务事项和会计事项的审批人员、经办人员、财务保管人员的职责权限应当明确，并相互分离，相互制约。

13. B

【解析】《会计法》是调整我国经济生活中会计关系的总规范，是会计法律制度中层次最高的法律规范，是指导和规范会计工作的最高准则，也是制定其他会计法规的依据。

14. B

【解析】《会计基础工作规范》以及属于会计规范性文件，不属于任何法律法规。

15. B

【解析】会计行政法规是指国务院制定并发布，或者国务院有关部门拟定并经过国务院批准发布，调整经济生活中某些方面会计关系的法律规范。

16. C

【解析】记账凭证可以根据每一张原始凭证填制，或根据若干张同类原始凭证汇总填制，也可以根据原始凭证汇总表填制；但不得将不同内容和类别的原始凭证汇总填制在一张记账凭证上。故答案为 C。

17. B

【解析】略

18. C

【解析】略

19. C

【解析】各单位是否设置会计机构，应当根据会计业务的需要来决定，一般取决于以下几个方面的因素：①单位规模的大小；②经济业务和财务收支的繁简；③经营管理的要求。

二、多项选择题

1. ABCD

【解析】略

2. AC

【解析】我国目前施行的会计行政法规主要有《总会计师条例》和《企业财务会计报告条例》。

3. ABCD

【解析】国家统一的会计制度是由国务院财政部门根据我国《会计法》制定的关于会计

核算、会计监督、会计机构和会计人员以及会计工作管理的制度。

4. BC

【解析】省、自治区、直辖市人民代表大会或常务委员会以及实行计划单列市、经济特区的人民代表大会及其常务委员会在同宪法、会计法律、行政法规和国家统一的会计准则制度不相抵触的前提下，根据本地区情况制定发布地方性会计法规，故选择 BC。

5. ABC

【解析】《会计法》是调整我国经济生活中会计关系的法律总规范。故 D 项错误。

6. ABD

【解析】《会计法》规定，下列事项，应当办理会计手续，进行会计核算：款项和有价证券的收付；财物的收发、增减和使用；债权债务的发生和结算；基金的增减和经费的收支；收入、费用、成本的计算；财物成果的计算和处理；其他需要办理会计手续，进行会计核算的事项。

7. BCD

【解析】我国会计法律制度对会计信息质量要求、会计资料基本要求以及会计年度、记账本位币、填制会计凭证、登记会计账簿、编制财务报表、财产清查、会计档案管理等作出了统一规定。

8. ABD

【解析】略

9. BC

【解析】业务收支以人民币以外的货币为主的单位，可以选定其中一种货币作为记账本位币，但是编报的财务会计报告应当折算为人民币。

10. ABCD

【解析】略

11. ABC

【解析】略

12. ABCD

【解析】略

13. ACD

【解析】财政部门是会计工作政府监督的实施主体。除财政部门外，审计、税务、人民银行、银行监管、证券监管、保险监管等部门依照有关法律、行政法规规定的职责和权限，可以对有关单位的会计资料实施监督检查。

14. ABC

【解析】一个单位是否需要设置会计机构，一般取决于以下几个方面的因素：单位规模的大小、经济业务和财务收支的繁简、经营管理的要求。

三、判断题

1. √

【解析】略

2. ×

【解析】本题考核《企业会计准则》的制定机关。《企业会计准则》由国务院财政部门制定并公布。

3. ×

【解析】会计核算以人民币为记账本位币。业务收支以人民币以外的货币为主的单位，可以选定其中一种货币作为记账本位币，但是编制的财务会计报告应当折算为人民币。

4. ×

【解析】内部审计是本单位在会计机构之外另行设立审计机构，由审计人员对本单位的会计活动进行监督。内部审计机构及其工作人员是对本单位的行政领导或者监督机构负责的。

5. ×

【解析】《会计法》规定，各单位应当根据会计业务需要设置会计机构，或者在有关机构中设置会计人员并指定会计主管人员。

第十二章　金融、票据法律制度参考答案

一、单项选择题

1. D

【解析】略

2. C

【解析】略

3. C

【解析】略

4. A

【解析】略

5. C

【解析】略

二、多项选择题

1. ABCD

【解析】略

2. ABC

【解析】略

3. ABCD

【解析】略

4. ABC

【解析】略

5. AB

【解析】略

三、判断题

1. 答案：√

【解析】我国没有专门的金融机构组织法，它的外在表现形式主要体现在《中华人民共和国中国人民银行法》《中华人民共和国商业银行法》《中华人民共和国外资金融机构管理条例》等法律、行政法规之中。

四、不定项选择题

（1）B

【解析】略

（2）ABC

【解析】略

（3）B

【解析】略

（4）AB

【解析】略

（5）AC

【解析】略

第十三章　财政税收法律制度参考答案

一、单项选择题

1. B

【解析】略

2. D

【解析】略

3. C

【解析】略

4. C

【解析】略

5. B

【解析】消费税是对特定货物征收的，不具有普遍性。

6. D

【解析】其中选项 ABC 缴个人所得税，不缴企业所得税。

二、多项选择题

1. AB

【解析】略

2. ABCD

【解析】略

3. ABCD

【解析】略

4. AB

【解析】略

5. AD

【解析】其中选项 BC 只缴增值税不缴消费税。

6. ABC

【解析】略

7. AC

【解析】略

三、判断题

1. ×

【解析】纳税义务人不但有义务，而且还有权利，比如：知情权、纳税申报权、依法享受税收优惠权等。

2. ×

【解析】增值税一般纳税人购货取得普通发票进项税不能抵和，必须取得增值税专用发票。

3. ×

【解析】收入总额减除不征税收入、免税收入之后才是应纳税所得额。

4. ×

【解析】税收滞纳金不可以税前扣除，企业遇到罚金、违约金、罚款、滞纳金应对发生的业务进行详细判断，具体可分三类：行政性罚款、经营性罚款、滞纳金。一般违反法律法规的规定被国家行政部门处罚的不能税前扣除，税收滞纳金不是企业正常经营所须发生的费用，而是由于经办人疏忽或其他原因晚交了税款的处罚，所以不允许税前扣除。

第十四章 仲裁法与经济司法制度参考答案

一、单项选择题

1. A

【解析】略

2. A

【解析】略

3. A

【解析】《仲裁法》调整的是平等民事主体之间的经济纠纷（合同纠纷和其他财产纠纷）。

4. D

【解析】略

5. A

【解析】略

6. C

【解析】略

7. D

【解析】略

8. A

【解析】略

9. C

【解析】略

10. A

【解析】略

11. B

【解析】略

12. D

【解析】当事人达成仲裁协议，一方向人民法院起诉未声明有仲裁协议，人民法院受理，另一方在首次开庭前提交仲裁协议的，人民法院应当驳回起诉，但仲裁协议无效的除外；另一方在首次开庭前未对人民法院受理该案提出异议的，视为放弃仲裁协议，人民法院应当继续审理。本题中明确指出开庭审理时，所以有开庭前并未对法院受理该案提出异议，视为放弃仲裁协议，法院应当继续审理。

13. C

【解析】略

14. A

【解析】略

15. C

【解析】略

16. D

【解析】略

17. D

【解析】略

18. C

【解析】略

19. A

【解析】略

二、多项选择题

1. BCD

【解析】仲裁委员会不是行政机关或司法机关，仲裁委员会独立于行政机关，与行政机关没有隶属关系。仲裁委员会之间也没有隶属关系，是独立的裁决经济纠纷的民间组织机构。

2. ABCD

【解析】略

3. AB

【解析】略

4. BCD

【解析】略

5. ABCD

【解析】略

6. ABC

【解析】略

7. ABCD

【解析】略

8. ACD

【解析】略

9. ABCD

【解析】略

三、判断题

1. ×

【解析】略

2. √

【解析】略

3. ×

【解析】略

4. √

【解析】略

5. ×

【解析】略

6. ×

【解析】仲裁由双方当事人自愿选择的中立第三者（仲裁机构）进行裁判。仲裁机构是民间性的组织，不是国家的行政机关或司法机关，对经济纠纷案件没有强制管辖权。

7. √

【解析】略

8. ×

【解析】略

9. ×

【解析】略

10. ×

【解析】略

11. √

【解析】略

12. ×

【解析】略

13. ×

【解析】略

14. ×

【解析】略

15. √

【解析】略

16. ×

【解析】一方当事人向人民法院起诉时未声明有仲裁协议的，人民法院受理后，另一方在人民法院首次开庭前（而非作出判决之前）提交仲裁的，人民法院应当驳回起诉，但仲裁协议无效的除外。

四、不定项选择题

（1）B

【解析】略

（2）ABCD

【解析】略

（3）ABC

【解析】略

（4）AC

【解析】略

（5）BD

【解析】略